U0017895

實戰智慧叢書 285 李仁芳 策劃

生命中不該忘記的事

101件重要但你經常忘記的貼心提醒

101 Really Important Things You Already Know, But Keep Forgetting

Ernie J. Zelinski 著
譚家瑜 譯

實戰智慧叢書 285

生命中不該忘記的事

101件重要但你經常忘記的貼心提醒

原　書／101 Really Important Things You Already Know, But Keep Forgetting
作　者／Ernie J. Zelinski
譯　者／譚家瑜

封面設計／唐壽南
責任編輯／鄒恆月
財經企管叢書總編輯／吳程遠
策　劃／李仁芳博士

發行人／王榮文
出版發行／遠流出版事業股份有限公司
100臺北市南昌路二段81號6樓
郵撥：0189456-1　電話：2392-6899
傳真：2392-6658

著作權顧問／蕭雄淋律師
法律顧問／董安丹律師
行政院新聞局局版臺業字第1295號
2003年01月01日　初版一刷
2013年12月20日　初版八刷
新台幣售價 240 元（缺頁或破損的書，請寄回更換）

ISBN 957-32-4788-7

YLib 遠流博識網 http://www.ylib.com E-mail:ylib@ylib.com

《實戰智慧叢書》

出版緣起

王榮文

在此時此地推出《實戰智慧叢書》，基於下列兩個重要理由：其一，臺灣社會經濟發展已到達了面對現實強烈競爭時，迫切渴求實際指導知識的階段，以尋求贏的策略；其二，我們的商業活動，也已從國內競爭的基礎擴大到國際競爭的新領域，數十年來，歷經大大小小商戰，積存了點點滴滴的實戰經驗，也確實到了整理彙編的時刻，把這些智慧留下來，以求未來面對更嚴酷的挑戰時，能有所憑藉與突破。

我們特別強調「實戰」，因爲我們認爲唯有在面對競爭對手強而有力的挑戰與壓力之下，爲了求生、求勝而擬定的種種決策和執行過程，最值得我們珍惜。經驗來自每一場硬仗，所有的勝利成果，都是靠著參與者小心翼翼、步步爲營而得到的。我們現在與未來最需要的是腳踏實地的「行動家」，而不是缺乏實際商場作戰經驗、徒憑理想的「空想家」。

我們重視「智慧」。「智慧」是衝破難局、克敵致勝的關鍵所在。在實戰中，若缺乏智慧的導引，只恃暴虎馮河之勇，與莽夫有什麼不一樣？翻開行銷史上赫赫戰役，都是以智取勝，才能建立起榮耀的殿堂。孫子兵法云：「兵者，詭道也。」意思也明指在競爭場上，智慧的重要性與不可取代性。

《實戰智慧叢書》的基本精神就是提供實戰經驗，啓發經營智慧。每本書都以人人可以懂的文字語言，綜述整理，爲未來建立「中國式管理」，鋪設牢固的基礎。

遠流出版公司《實戰智慧叢書》將繼續選擇優良讀物呈獻給國人。一方面請專人蒐集歐、美、日最新有關這類書籍譯介出版；另一方面，約聘專家學者對國人累積的經驗智慧，作深入的整編與研究。我們希望這兩條源流並行不悖，前者汲取先進國家的智慧，作爲他山之石；後者則是強固我們經營根本的唯一門徑。今天不做，明天會後悔的事，就必須立即去做。臺灣經濟的前途，或亦繫於有心人士，一起來參與譯介或撰述，集涓滴成洪流，爲明日臺灣的繁榮共同奮鬥。

這套叢書的前五十三種，我們請到周浩正先生主持，他爲叢書開拓了可觀的視野，奠定了紮實的基礎；從第五十四種起，由蘇拾平先生主編，由於他有在傳播媒體工作的經驗，更豐實了叢書的內容；自第一一六種起，由鄭書慧先生接手主編，他個人在實務工作上有豐富的操作經驗；自第一三九種起，由政大科管所教授李仁芳博士擔任策劃，希望借重他在學界、企業界及出版界的長期工作心得，能爲叢書的未來，繼續開創「前瞻」、「深廣」與「務實」的遠景。

策劃者的話

企業人一向是社經變局的敏銳嗅覺者，更是最踏實的務實主義者。

九〇年代，意識形態的對抗雖然過去，產業戰爭的時代卻正方興未艾。

九〇年代的世界是霸權顚覆、典範轉移的年代：政治上蘇聯解體；經濟上，通用汽車（GM）、IBM虧損累累——昔日帝國威勢不再，風華盡失。

九〇年代的台灣是價値重估、資源重分配的年代：政治上，當年的嫡系一夕之間變偏房；經濟上，「大陸中國」即將成爲「海洋台灣」勃興「鉅型跨國工業公司（Giant Multinational Industrial Corporations）的關鍵槓桿因素。「大陸因子」正在改變企業集團掌控資源能力的排序——五年之內，台灣大企業的排名勢將出現嶄新次序。

企業人（追求筆直上昇精神的企業人！）如何在亂世（政治）與亂市（經濟）中求生？外在環境一片驚濤駭浪，如果未能抓準新世界的砥柱南針，在舊世界獲利最多者，在新世界將受傷最大。

亂世浮生中，如果能堅守正確的安身立命之道，在舊世界身處權勢邊陲弱勢者，在新

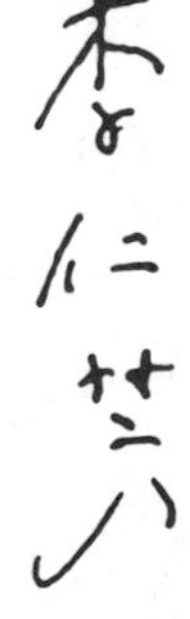

世界將掌控權勢舞台新中央。

《實戰智慧叢書》所提出的視野與觀點，綜合來看，盼望可以讓台灣、香港、大陸，乃至全球華人經濟圈的企業人，能夠在亂世中智珠在握、回歸基本，不致目眩神迷，在企業生涯與個人前程規劃中，亂了章法。

四十年篳路藍縷，八百億美元出口創匯的產業台灣（Corporate Taiwan）經驗，需要從產業史的角度記錄、分析，讓台灣產業有史爲鑑，以通古今之變，俾能鑑往知來。

《實戰智慧叢書》將註記環境今昔之變，詮釋組織興衰之理。加緊台灣產業史、企業史的紀錄與分析工作。從本土產業、企業發展經驗中，提煉台灣自己的組織語彙與管理思想典範。切實協助台灣產業能有史爲鑑，知興亡、知得失，並進而提升台灣乃至華人經濟圈的生產力。

我們深深確信，植根於本土經驗的經營實戰智慧是絕對無可替代的。另一方面，我們也要留心蒐集、篩選歐美日等產業先進國家，與全球產業競局的著名商戰戰役，與領軍作戰企業執行首長深具啓發性的動人事蹟，加上本叢書譯介出版，俾益我們的企業人汲取其實戰智慧，作爲自我攻錯的他山之石。

追求筆直上昇精神的企業人！無論在舊世界中，你的地位與勝負如何，在舊典範大滅絕、新秩序大勃興的九○年代，《實戰智慧叢書》會是你個人前程與事業生涯規劃中極具座標參考作用的羅盤，也將是每個企業人往二十一世紀新世界的探險旅程中，協助你抓準航向，亂中求勝的正確新地圖。

【策劃者簡介】李仁芳教授，一九五一年生於台北新莊。曾任職於輔仁大學管理學研究所所長，兼企管系系主任，現爲政治大學科技管理研究所所長，主授「創新管理」與「組織理論」，並擔任聲寶文教基金會與聲寶工業研究所董事，以及管理科學學會大專院校管理學術促進委員會主任委員。近年研究工作重點在台灣產業史的記錄與分析。著有《管理心靈》、《產權體制、工作組織人際關係與組織生產力》、《7-ELEVEN統一超商縱橫台灣》等書。

推薦文

一本不可不讀的智慧寶典

鄭石岩

生命的過程是艱辛的。爲了活下去，過得好，人必須面對許多挑戰，解決種種問題。因此每個人都需要一套有效的基本工具。這本書就是精神生活的工具箱，裡頭裝了各種解決生活和工作問題的基本智慧。

誠如本書作者所說，累積大量常識，就能產生智慧。智慧正是你面對人生，拓展生涯和實現幸福的有效工具。現代人生活在複雜的人際互動之中，必須在變遷快速的社會裡討生活，有一套智慧的工具是成功人生的保證。

我長期觀察研究現代人的生活適應狀況，發現不適應者往往都是缺乏有效工具。他們磨練不足，應有的修持缺乏，基本的態度和良好習慣沒有培養起來。於是，在生活和工作上，遭遇一波波的挫折，消極、悲觀和無助令他走上墮落之路。我認爲心理失常、行爲偏差等生活挫敗的人，或多或少都有這種現象。

現代人大部分生長在過度自由、保護太多的環境，所受的基本訓練不足。矛盾的是，他們要在離開學校之後，面對艱困和吃重的挑戰，以致在生活和工作上應付不過來，造成失敗和遺憾。至於那些能從種種挑戰中，摸索出進退應對的訣竅，形成一套有效工具和智慧的人，終於獲得成功，不過，他們總會告訴大家，如果能及早學會一套有效的工具和智慧，就不必付出這麼多的慘痛代價。

這些基本工具和智慧，有一半是在生活和工作中領會出來的，有一半是汲取別人的經驗學來的。但如果你能事先閱讀一本提綱契領、條理分明的智慧寶典，則能如虎添翼，學得更快，得到的啓發也更多更深。

人無論是工作或生活，都要保持清醒，看個明白。你越能面對眞實，就越能中肯地解決問題；越是固執成見，越容易陷入迷失和危險。禪學中有一則故事，很能說明這個道理：有一天蠑螺和鯛魚這兩個好友碰面了，蠑螺高興地展示堅固美麗的外殼，鯛魚也由衷讚美對方擁有美好的居身之所。兩人談得正高興時，突然聽到入侵者的聲音。鯛魚告訴蠑螺：「你有堅固的外殼，什麼都不怕。我可沒有你一樣的裝備，必須趕緊躲避。」說罷，豎起耳朵聽清楚危險的方向，張開大眼看準安全的地方，一溜煙遊走了。蠑螺看到朋友迅速逃開，自言自語的說：「這有什麼好怕的，我躲進自己銅牆鐵壁的家就可以了。」他把門緊緊的關上，待在殼裡睡了個大覺。過了許久，蠑螺醒來，心想危險應該過去了，便打開大門一看，發現自己被捕進人類的水族箱裡，上面還貼著拍賣的價碼。

作者在這本書裡說，他所蒐集的一百零一個主題，都是耳熟能詳的常識，只要你能實踐它，就能化爲高明的智慧與力量。這段話讓我想起唐朝文學家白居易，向鳥窠禪師請教：「怎麼修練才能使自己成爲有智慧的覺者？」鳥窠說：「諸惡莫作，眾善奉行，自靜其意，是諸佛教。」白居易聽了應聲說，像這樣的道理三歲小孩也說得出來。鳥窠禪師回答說：「三歲小兒能道得，八十老翁行不得。」說與行之間是有距離的，這本書要以行動來讀才行。

柴林斯基（Ernie J. Zelinski）是一位知名的專業演說家、諮商顧問和作家。他擅長應用創意，在商場和生活上給許多人啓發。這本著作，不但能指引你的生涯發展，開拓成功的事業；更能深度啓發你的心靈，創造快樂和幸福的人生。

最後，我要提醒你，讀這本書時，別急著一口氣看完。最好是每天找個時間，細嚼慢嚥幾則，或者找出自己眼前最需要的主題，細細加以思索玩味，必能獲得新的領會和省發。

【推薦者簡介】鄭石岩教授，政治大學教育學碩士，美國俄亥俄州立大學研究，曾任教育部訓育委員會常委。從事心理諮商與教育研究多年，曾獲頒教育部輔導工作優良貢獻獎；對佛學與禪學素有修持，是融合心理學、教育學與禪學於日常生活應用的倡言人。著作超過三十本，包括：《覺・教導的智慧》（優良圖書金鼎獎）、《人生路這麼走》、【唯識派心理學】系列六書，以及【生活禪徑】【與孩子一起成長】系列有聲書，是積極入世，以書文度人的最佳見證。

自序

求取智慧的旅程

你是否注意過，歷史有不斷重演的慣性？你今天的處境，也許和從前經歷過的遭遇十分雷同。雖然後來參與這齣戲的演員和舞台改變了，但那精心編寫的劇本、扣人心弦的劇情卻似曾相識。透過一幕幕場景，你才恍然大悟：有些道理你已聽過千百回，卻老是記不住。

那些道理說不定你在小學階段就聽過，而你卻得一學再學，有時次數多得數不清。歲月如梭，年輕時代的包袱轉眼就背到了老，你可不希望活到七老八十還這麼說：「現在，我要隨時展開行動，不再重蹈這種代價高昂的覆轍了。」

本書所要討論的主題，正是一些大家早已耳熟能詳，卻由於某種不明原因一再遺忘的生活哲理。有時候，這些道理不見得那麼莫測高深，只是需要秉持熱情而不是依靠理智去身體力行罷了。了解哪些情況應當避免，哪些原則應當恪守，是開創幸福人生的重要條件。不遵循這些原則與教訓，將會嚴重影響個人表現與工作成就。

大體上說，這是一部帶有自述性質的書。筆者於撰寫期間，偶爾也會發現自己正好違背了剛剛寫下的原則。當這種舉動讓我既失錢財，又丟面子的時候，難免教人有些尷尬，於是我想起某位塗鴉作家寫過這麼一句話：「我懂得從錯誤中學習，但還是會再輕易犯下同樣的過失。」

經驗固然可以增長知識，卻不一定能減少犯錯次數。巴赫（Richard Bach）在《幻覺》（*Illusions*）這本書中寫道：「學習，就是在發掘你已經知道的事實。行動，則是把你知道的事實告訴大家。」從這角度來看，當我們開始懂得運用知識，並從中受惠以後，知識便可稱爲智慧。要將知識轉化爲智慧，則須付諸行動。

讀者將會發現，本書內容大都屬於常識。那麼請記住：哲學家告訴我們，累積大量常識，就能產生智慧。但願讀者可以從中得到一些啓發，而不只是想起自己早就明白的道理，書中或許還有一、兩項原則是你前所未聞的，那麼也可藉此機會認識一番。范比（Martin Vanbee）提醒我們：「把別人的過錯當作自己的教訓，因爲你不可能活到重蹈眾人覆轍那一天。」

讀完本書，或許你能體悟若干生活哲理，而不必辛苦地從頭學起，但也希望讀者不要因此誤會書中提到的原則一概不得違背。人總有意志薄弱的時候，有些過錯難免一犯再犯。筆者寫書的用意，是想減少讀者經常忽略的重點和遺忘的次數，能夠善用這些原則，就能展現讀者的智慧了。求取智慧是個旅程，不是終點。

【作者簡介】柴林斯基（Ernie J. Zelinski），知名的專業演說家、諮商顧問和作家。擅長應用創意，在商場和生活上給許多人啓發。最廣爲人知的著作是《樂在不工作》（遠流出版），該書以十一種語言發行。

目錄

活著，就是爲了享受人生

自從人類有了推理、探索能力以後，便一直渴望理解生命的奧祕。千百年來，哲學家、科學家、神學家也在終日思索生命的意義。如果你想探究人類活在世上的理由，那麼即使能從眾多學院及民間哲學家口中聽到種種妙答，也永遠無法完全了解人類爲何存在。或許正因如此，法國哲學家沙特才會提出「存在是荒謬的」這種結論。

大多數人在步入人生的某個階段後，難免會想深入探討某種神祕莫測的生命現象。一心渴望窺其堂奧的我們，腦子裡會浮現諸如此類的問題：我們爲什麼活在世上？我們是誰？我們來自何方？要去哪裡？人死之後還有來生嗎？大家都認爲，若能了解生命本質，就能活得比較愉快，於是我們也會效法偉大的先哲，耗費無數光陰試圖解開生命之謎，而在追求生命意義的過程中，卻也可能無法享受人生。換句話說，探索生命奧祕，將會干擾我們的生活樂趣。

也許你是爲了超越別人，才決心深入追究生命眞相，然而卻有可能事與願違，永遠不得其解，即使才智、學識高超之人，一樣找不到解答。你也不難發現，越是深入探討生命，越難理解其中奧妙。生命彷彿是依循某種神祕的軌跡在運行，若想徹底揭開那謎團，是沒有意義的。

你也可能打算藉著旅行的方式追尋生命之謎的解答，以爲跑到越遠的地方越好，甚至加入美國科羅拉多州或印度喜馬拉雅山的苦行團。到了當地，才發現一件趣事：你在苦行團裡獲得的答案和啓發，竟與自己已知的結論不謀而合，這絲毫不足爲怪，有句禪語說：「不求身邊道，何方悟眞性？」（不就近找答案，還想往哪兒去？）

這麼說並不表示你不應該多加了解這世界。探索、發掘新事物固然是一樁好事，不斷增進個人對周遭環境的認識也有其必要，但最好還是讓那些玄妙高深的現象保持神祕。有時候，太過了解某些美麗的事物（例如科學界對美國、歐洲、加拿大北方夜空爲何出現北極光所提出的解釋），它們就會黯然失色了。

同樣道理，對生命了解得太過透徹，生活樂趣也必定大打折口。巴赫在《幻覺》裡寫道：「看穿了魔術師的把戲，那把戲便不再是魔術。」要使用電腦，不必了解電腦構造；要使用電力，不必了解電力來源；要發動汽車，不必了解引擎原理；要過充實生活，也不必了解生命是怎麼回事。只要單純地享受人生，毋須了解生命的奧祕。

經常苦思生命意義，會造成壓力、潰瘍、高血壓，還會缺乏成就感，等上了年紀之後，你會發現你對生命的了解不一定勝過某些很少思考這類問題的人。更糟的是，就算你了解得比別人多，生活也不見得會有任何改變。

若想減少困惑，就別再扮演抽絲剝繭的大偵探。不懂生命奧祕，也能享受人生。花費再多時間思索人生意義，都不如快快樂樂過日子。美國女作家布朗說得好：「我終於想通一件事：活著，就是爲了享受人生。」

2 生活，可以不那麼理性

宗教改革家馬丁路德曾將理性喚作魔鬼的妓女。你是否注意過自己凡事要求合理，生活卻過得很糟？事實上，越是講道理，生活越混亂，最後只能換來處處落於人後的下場。

世界上有千千萬萬個人都在社會和教育制度影響之下變得理性而現實。當我們想做件蠢事的時候，能保持理性和務實的態度當然很好，問題是社會常以扼殺個人活力與創意的方式要求我們訴諸理性，當我們考慮嘗試新鮮刺激的經驗時，也會立刻有人表示我們不夠理性，但我們必須捍衛自己的立場，拒絕聽從旁人的推論。被別人牽著鼻子走，不知毀了多少人的計畫與生活。

我們之所以過度理性，是因爲自我設限，以致成爲自我批判的受害者，腦子裡的某個想法還沒機會成形，便突然遭到理智封殺，不少妙點子就此胎死腹中。明明是很有價值的構想，卻因爲自我批判而被立刻貼上「不合理」的標籤，當我們挑出其中毛病後，便當下棄之如敝屣。

筆者曾因不按牌理出牌多次受益，例如在攻讀企管碩士期間，有位教授給我的一篇期中報告打了個令人大失所望的低分，於是我決定找教授理論一番。我之所以如此大膽，是因爲班上至少還有四名同學對自己的分數也有同感，而且都去找過他，但他態度非常強硬，拒絕考慮給學生加分。

雖然理智告訴我，不要浪費時間去見那位教授，但我心裡有數，此行必定成功。事後證明，這種不按牌理出牌的作法果然見效，我不但加了分，還賺到三千美元的助教獎學金。

凡事過度訴諸理性，就會忽視個人的預感、直覺和理想。有時候，爲了避免做出可能令人後悔的決定，我們還是得按著直覺而不是理智行事。英國教育家班森（Arthur C. Benson）說過：「我相信直覺，不相信理智。一個聽來堂而皇之的理由，十之八九站不住腳，當大家普遍接受它時，十之八九也是錯的。」

要爲生活增添活力與樂趣，就試著減少對理性的依賴。做任何事不一定都要拿出好理由，你可以盛裝打扮獨自到公園散步，也可以捧著心愛植物出門走走，而不必找個合乎邏輯的理由來解釋你的行爲。你還可以打電話給某些名人，看看他們是否願意與你交談。試著憑直覺行事，就算因此闖入自己從沒去過的地方也無妨。有時候，你會遇到直覺說可以，理智說不行的情況，這時就順從直覺吧，因爲直覺往往知道怎麼做對你最有利。

你每天都可以嘗試不按牌理出牌，無論是遭受自己或別人的批評，都要反擊大家普遍認可的理由。拋開理智，你會發現人生染上了不同的色彩，變得更有趣、更豐富。與其消耗更多時間講道理、談邏輯，不如利用那些時間隨心所欲充實生活。

3 人生苦多於樂，何必在乎

讓我們面對一個事實：人生苦多於樂！美國教育哲學家桑塔亞納（George Santayana）說：「人生既不是一幅美景，也不是一席盛宴，而是一場苦難。」不幸的是，當你來到這世界那一天，沒有人會送你一本生活指南，教你如何應付命運多舛的人生。也許青春時期的你曾經期待長大成人以後，人生會像一場熱鬧的派對，但在現實世界經歷了幾年風雨後，你會赫然醒悟，人生的道路依然布滿荊棘。

無論你是老是少，都請不要奢望生活越過越順遂，因爲你會發現大家的日子都很難熬。再怎麼才華洋溢、家財萬貫，照樣脫離不了顛沛困頓。人人都要經歷某種程度的壓力和痛苦，而且難保不會遇上疾病、天災、意外、死亡及其他不幸，誰都無法免疫，就算成功人士也會承認這是個需要辛苦打拚的世界。家喻戶曉的瑞士精神分析學家榮格主張：人類需要逆境；逆境是邁向身心健康的必要條件。他認爲遭遇困境能幫助我們獲得完整的人格與健全的心靈。

人的一生總有許多波折，要是你覺得事事如意，大概是誤闖了某條單行道。也許你曾擁有一段諸事順利、不虞後患的日子，於是志得意滿的你開始以爲你已看穿人生是怎麼回事，一切如魚得水，悠游自在。可惜就在你相信自己蒙獲神諭之際，卻發生了好運化爲烏有的意外。

災難總在不意之間來敲門，然而大部分時候，實際情況遠不如表面那麼糟。好事不長久，壞事也一樣。所有事情遲早都會起變化，吉化凶，險化夷；盈轉虧，虧轉盈；可變否，否變可；累積大量錯誤與挫折，可以換來成功，但成功也可能帶來失敗。這就是人生，重新開始永不嫌遲。

美國作家諾莉絲（Kathleen Norris）擁有一套輕鬆面對生活的法則：人生比你想像中好過，只要接受困難、量力而爲、咬緊牙關就過去了。你跨出的每一步，都能助你完成學習之旅。面臨生活考驗時，耐力越高，通過的考驗也越多。所以要放鬆心情，靠意志力和自信心衝破難關。

保持積極的人生觀，可以幫助你了解逆境鮮少危害生命，只會引起不同程度的憤慨，何況承受一定的壓力也有好處。威廉斯（Tennessee Williams）在「旁觀者」（*the Observer*）這齣戲裡寫道：「別指望你的痛苦會有停止的一天，因爲那時你已經作古了。」舒適安逸的生活無法帶給人快樂與滿足，人生若是少了有待克服的障礙、有待解決的問題、有待追求的目標、有待完成的使命，便毫無成就感可言了。

人生是一場學習的過程，接二連三的打擊則是最好的生活導師。享樂與順境無法鍛鍊人格，逆境卻可以。一旦征服了難關，遇到再糟的情況也不會驚慌。人生有甘也有苦，物質環境的優劣與生活困厄的程度毫無瓜葛，重要的是我們對環境採取何種反應。接受好花不常開的事實，日子會悠哉許多。記住這句話：人生苦多於樂，但是何必在乎。

4 追求快樂，操之在我

有一天早上，我看見一名流浪漢走出一家三流旅館，當時他身邊沒有別人，也沒注意到我出現，便歡天喜地、熱情洋溢地說：「早安哪，世界，你好嗎？」接著他瞧瞧四周和耀眼的太陽，又神采奕奕地說：「奇妙，奇妙，眞奇妙！」

聽了這兩句話，我對此人立即肅然起敬，雖然他似乎無法擁有社會大眾努力追求的各種東西，但是卻活得如此愉快。我心裡想，那天早上如果我待在市區，大概會看到一堆愁眉不展的臉孔，也很難碰見生活無虞、又能因爲自己活在世上覺得如此開心的人。

這位社會邊緣人的表現讓我們了解一件事：追求快樂，操之在我。若想得到快樂，與你住在多麼高級的社區、你有多麼賣命的工作、你有多少休閒時間、你有多麼顯赫的頭職、你有多少名牌衣服、你有多麼豪華的房車、你有多少銀行存款，全然沒有關係。智者告訴我們，快樂是一種心境。林肯總統說：「多數人只要願意保持愉快，心情就會愉快。」羅馬哲學家錫尼卡（Seneca）也指出：「認爲自己命運悲慘，就會過得淒風苦雨。」

也許有人會問：「人非要快樂才能生存嗎？」當然不是。英國哲學家米爾（John Stuart Mill）說得好：「沒有快樂，當然可以生存，人類幾乎都是這麼過的。」雖然人不一定要靠快樂才能活下去，但是任何東西都無法取代快樂。

何謂快樂？如何尋找快樂？大家的看法見仁見智，所以不要誤以為別人心目中的快樂才叫快樂。不少人都相信，若是換個處境——告別單身，結婚成家；搬出小屋，遷入豪宅；淘汰老舊的標緻車，換開簇新的賓士車；不去上班，改去度假——他們會快活得多。可是一旦換了環境，快樂卻有可能不增反減，到頭來他們又巴不得再變變花樣。

從另一方面來說，滿足現狀的人遇到不同的境遇，也一樣會感到快樂。無論生活處境如何，他們總會發現值得感謝的事物。富蘭克林說：「真正快樂的人，即使繞道而行，也懂得欣賞沿路風光。」這句話的意思就是：快樂的人遇到環境變遷，依然笑口常開。

你是否快樂，責任在你，而不在老闆、配偶、朋友、父母、社會，或政府的身上，追求快樂是你的天職。一位智者說：「美國憲法並不保障人民的幸福，只保障人民追求幸福的權利，但是幸福得靠自己去追求。」要不要快樂，有賴你去選擇，但請務必把快樂看得比成功重要，因爲成功不一定能帶來快樂。

如果你時時刻刻都在尋找快樂，卻總是空手而回，那就表示你找錯了地方或方法不對，應當再多加留意你找過的場所，或調整方法。再強調一次，追求快樂，操之在我，快樂可不會在乎你是否擁有它。無論是男是女、是高是矮、是富是貧、是單身還是已婚、是文盲白丁還是飽學之士，能不能找到快樂，全靠自己。

5 簡樸，才能活得自在

人生的確苦多於樂，雖然如此，只要簡化許多事情，生活將會大爲輕鬆。假設你要別人在簡單和複雜的處事方法之間擇其一，多數人都會選後者。要是他們手邊沒有現成解決辦法，甚至還會絞盡腦汁想個複雜方案。

愛因斯坦說過：「凡事都該力求簡化，但也應當適可而止。」我們沒有必要替生活過度簡樸的人擔憂，會出麻煩的往往是那些抱持相對生活態度的人。大多數人總把生活搞得太複雜，卻又摸不清自己爲何遭遇這麼多令人頭痛的大問題。

人類爲何要自討苦吃，曾令哲學家和精神醫師們感到費解，我也十分訝異大多數人居然願意不辭辛勞想出一籮筐方法，把生活弄得繁瑣之至。他們不但浪費大量金錢、時間和體力去追逐毫無裨益的事物，說不定還會交到一批損友。或許，這些人都有某種程度的受虐狂。

有時候，我們也會給自己的生活平添一堆麻煩與瑣事，幾乎被自己製造的垃圾與混亂——包括物質財產、公務活動、人際關係、家庭事務、思想與情緒——活埋。正因爲生活裡出現太多旁騖，我們才沒辦法盡力完成自己想要達到的目標。

簡化生活應該是一種常識，但能夠身體力行者何以如此之少？答案就在一句拉丁諺語中：「常識不夠普及。」善用常識，便能輕易簡化生活，但也必須定期檢討哪些目標（包括個人目標與工作目標）不切實際。換句話說，就是要擺脫額外的生活包袱，錫尼卡曾說：「誰都無法背著包袱游上岸。」

卸下多餘包袱，才會活得自在，否則日子很難撐下去。搭火車或坐飛機，行李超重都要罰錢，而在人生的旅途上，行李超重所需付出的代價遠超過金錢，還會造成時間、體力的耗損。往壞的方面說，會導致精神錯亂，往好的方面說，則是無法完成目標與工作，而能夠完成目標與工作，正是獲得快樂與滿足的要素。

從現在起，立刻甩掉剝奪個人時間、空間、金錢、體力的包袱，每天都不妨丟幾樣留之無用，棄之也不足惜的東西，並採取簡化生活的行動，拒絕和無法充實生活的人或物打交道，將已成額外負擔的事物列成一張清單，並請朋友多提議一些可以簡化的項目，因爲他們看得到你看不見的改善機會。

你不需要自討苦吃，因爲只要有機可乘，世界上樂意爲你找麻煩的人可不嫌少。專心應付最重要的幾樣事情，其他不重要的項目（包括干擾你的人和物）就任其自生自滅。擺脫無法增進生活品質的人事物，你的生活將大獲改善。努力簡化生活，人生如沐輕風。

自我設限，難有成就

大多數人總認為自己一輩子成不了大器，這種預言多半都會一語成讖。令人感嘆的是，如果他們不這麼設想，或許還能有番作為。汽車大王福特說：「世界上每個人都能擁有超乎自己想像的成就。」然而，一旦自我設限，就算再有才幹的人（無論是詩人或水管工人），也很難出人頭地。

信心是邁向成功最重要的因素。大多數人之所以無法好好發揮潛力，主因即是對個人能力欠缺信心。世界上每個人都存有某種程度的自我懷疑心態，自我懷疑的現象俯拾即是。

你能完成的事情比你想像的要多，有些限制多半是自找的，危險在於：自我懷疑的情況可能弄假成真。負面的期望會帶來負面的結果，當你不斷告訴自己哪些事行不通，說不定就真的被你言中了。

不要理會一再阻止你去嘗試接受挑戰的人，有自信的人不會在乎別人潑冷水。事實上，如果你志在必得，別人潑你冷水，反而讓你愈挫愈勇，更加渴望完成目標。生活裡的滿足感是來自你做了別人說你辦不到的事。

也不要因爲過去曾經失敗而裹足不前。人很容易想起失敗的經驗，要擺脫這種念頭，就以健康態度面對失敗，別再老是耿耿於懷。雖然你可以想出千百種方法懷疑自己的能力，但最好還是避免效法寫出下面這句話的塗鴉作家：「我樂於失敗，因爲這目標只要彈根指頭就能搞定。」這種想法可不能改造世界。

當然，最大的失敗莫過於不肯嘗試。當改善生活的機會來臨時，務必好好把握，勇於嘗試，容許失敗。失敗能顯示自己的無知，而你應該爲自己曾經失敗與無知感到慶幸，因爲不經一事，不長一智。另外，也不要忘記追求成功，有了成就之後，更能增長智慧。

如果你覺得迷惘、自卑、難過、沮喪，就應當承認自己出了問題，而且必須突破現狀，爲自己找個目標，並牢記巴赫的話：「爲自己護短，就是承認自己有缺點。」不要認爲自己能力不足，成就有限。如果你的天分、鬥志、努力都勝過常人，爲什麼還要甘於平凡？

羅馬詩人魏吉爾（Virgil）曾說：「有信心，就成功。」所以別再劃地自限，應該相信你的能力比你想像中要大、要多。能夠更上層樓，就不要得過且過。

7 夢想無法實現，是最痛苦的經驗

許多臨終者在回顧一生之時，多半都會深感遺憾。美國人類學家孟泰格（Ashley Montagu）說得好：「人類最難承受的打擊，就是理想與現實產生差距。」假設你對現狀不滿，想必能夠體會夢想無法實現的痛苦，那是最難忍受的經驗。

有人曾用老鼠做過一個實驗：先架好一排通道，每次都把一塊乳酪放在三號通道，測試老鼠的反應。結果老鼠發現乳酪總是出現在三號通道，因此不必多看其他通道一眼，就知道直接往那兒爬。這時再把乳酪換個位置，擺到六號通道，起先老鼠還是照樣朝三號通道走，但經過一段時間後，終於發現那兒沒有乳酪了，於是轉往其他通道尋找，直到在六號通道瞧見乳酪為止，從此又繼續不斷出現在擺著乳酪的通道。

老鼠與人類的區別在於：大多數人依然會待在沒有乳酪的通道，落入永遠無法逃脫的陷阱。當一個人掉進半塊乳酪也不剩的陷阱後（有時根本沒人把乳酪放進去過），便再也拿不到乳酪了。這裡所說的「乳酪」，象徵人類在追求、實現夢想以後所得到的快樂、充實與滿足。

不少智力高、學歷好、訓練精、能力強的人一生從未嘗過成功的滋味，爲此感到鬱鬱寡歡、灰心喪志。他們既不追求理想，也不完成計畫，而是選擇現成的高薪工作，終生窩在自己不喜歡的行業裡。問題是，做了四、五十年無聊差事的他們依舊待在那個沒有乳酪的通道，卻還在心裡納悶：自己要到哪年哪月才能享受豐富的人生。

不過，世上還是有許許多多努力尋夢的人，但唯有心無旁騖、身體力行者才能圓夢。要過充實的人生，必須擁有值得追求的理想。巴赫在《幻覺》裡寫道：「少了實現願望的能力，就不可能許下願望，但無論如何還是要這麼做。」徒有夢想，永遠無法獲得滿足感。無論追求名利、愛情或事業，都要付諸行動。如果你對現狀不滿，就調整自己的生活，否則就擺脫原有生活形態。

你最想成就什麼樣的豐功偉業？也許你有若干雄圖大志，那就不妨把這些天馬行空的美夢當作線索，仔細想想自己應該追求什麼樣的人生目標。先要認清哪些事情是你認爲最有意義的，再把它們變成你的生活重心。如果在現有環境中無法實現夢想，就到別處去完成。

統計數字證明，人終須一死，而且死神說不定很快就上門。所以你應該儘早達成重要目標，因爲你能完成它們的機會也許不如你料想的多。就算經過審愼的計畫、持續的努力，夢想還是需要經歷很長一段時間才能兌現。

8 成就非凡之人，多為凡夫俗子

你能想起在某方面擁有傲人成就的朋友嗎？這項成就可能是開創一個成功事業、完成一部暢銷好書、設計一棟得獎建築，或與數不清的異性約會。你一定十分納悶：這傢伙怎麼會如此無往不利，他的才華、腦筋和魅力看起來都不如你啊，如果他辦得到，為什麼你不能？你想的或許沒錯，那位仁兄的才華、腦筋、異性吸引力確實比不上你，但也不必因此大驚小怪。能夠影響或改變世界的人，不一定都是聖賢或天才；幻想與作夢，也不見得浪費時間。成就非凡之人，多為凡夫俗子。

每一項傑出的成就幾乎都曾經歷不被看好的階段，今天大多數人認為不可能完成的目標，明天說不定就被資質平庸、鬥志高昂的人突破了。意志消沉的人會說：「我放棄，這件事行不通。」衝勁十足的人遇到同樣情況的反應卻是：「這似乎是個開創新意、發掘樂趣的好機會。」有創意、有野心的人即使遇到障礙，還是勇往直前，誰也無法阻攔。

成敗之間往往只有一線之隔。人與人之間的能力差異通常不像自尊差異那麼大，許多天賦異稟的人即是因爲無法擺脫自卑而心灰意懶，喪失鬥志。如果你常覺得自卑，就要改頭換面，培養自尊。自卑宛如使人癱瘓，造成不幸的疾病，心理自卑的人會不斷遭遇挫折與失敗。

只要相信天底下沒有做不到的事，你也可以擁有非凡的成就。不管你是誰，都要相信自己大有可爲，先對自己產生信心，再立下合理的目標。也許你自認沒有創造或藝術細胞，所以逃避從事相關工作，但無論是否擁有藝術傾向，皆可經常參與藝術活動。

先花一、兩個小時將自己的能力、興趣、優點列下來，你會意外發現自己多麼有才華。一旦確定要如何度過此生，就朝這目標邁進，同時也要認清很多事情都可以做到。當你認爲某件事行不通時，說不定很快就會發現有人正在完成它，那人的能力與才氣往往比不上你。

把目標放遠，或許就能闖出一番令人刮目相看的成果。野心雖不必太大，但必須擁有熱忱與活力，還要發揮創造力及意志力。心裡想好要履行哪些生活目標後，就抱著堅定的信心去實踐，屆時別人也會納悶：能力、腦力、努力、魅力都不如他們的你，爲何還能擁有如此傲人的成就？

9 冀望一夕成功，形同天方夜譚

假設你想成功經營某個事業（例如開一家豪華餐廳、改造環保運動、成爲著名演說家），那麼不論選擇哪個領域，都無法一夕可就。即使擁有再高的能力、智力和魅力，這種好事就是不會發生。

許多美國人以爲，一夕成功的故事並非天方夜譚。今天上幾堂演唱課，明天就在紐約麥迪遜花園廣場六萬名尖叫個不停的歌迷面前登台獻唱。今天還是窩在伊利諾州某小城、要爲三餐賣力氣的無名小卒，明天就在即將上映的好萊塢巨片中擔任要角。今天拿到企管碩士學位，明天就去經營明星公司。報紙、電視等媒體也一再傳播這類錯誤觀念。

事實上，再怎麼希望一炮而紅，都無法如願以償，這種事也不可能發生在一年、兩年，甚至五年之內。耐心很重要，假設你把追逐名利當作人生目標，還是稍安勿躁的好。美國大導演柯波拉（Francis Ford Coppola）曾說：「我不得志的時間長達十年以上，該轉運的時候，運氣就來了。現在我只想努力解決財務困難，殺青電影，讓一切恢復秩序。」好運都是降臨在熱心付出、耐心等待的人身上。

你現在進行的某項計畫，或許可望爲你帶來名利、愛情或事業，但那說不定是五年、十年，甚至二十年後的事。許多人之所以成名，是因爲他們完成了艱鉅任務。即使置身好萊塢，也多半要靠鍥而不捨地完成別人放棄的工作才能發跡。影星哈理遜福特曾說：「我很早就領悟一件事：要追求成功，絕不能輕言放棄。大多數從影人士都息影改行去了，但是如果你繼續努力，就能撐得比同時入行的人來得久。」

成功是靠耐力與時間換來的。事實上，經歷一番磨練未嘗不是一件好事。大多數人一旦功成名就，都不懂得如何自處，尤其是成功來得太快時。美國作家哈伯德（Elbert Hubbard）說：「你應該祈禱成功來臨的速度不會超過你能忍受的程度。」假設人人都能一步登天，那麼誰也不會因此感到眞心的滿足。

現實告訴我們，想在一夜之間造成轟動，必須經過多年的準備。一夕成功的情節，只在童話故事、垃圾小說、無聊電影裡出現。了解締造豐功偉業要付出多少時間，並不妨礙你追求理想，所以不要因爲你得賠上二十年功夫做這件事，就唾棄了理想。若不努力實現理想，二十年後你將一無所成。

只問耕耘，不問收穫，成功會來得更快。想在某個特殊領域（不論是表演事業或電腦行業）出人頭地，非得磨上一段時日不可。把完成目標的時間訂在十年、二十年後，而不是擺在眼前，成功機率將會大幅提升。稍安勿躁，耐心等待，因爲有耕耘才有收穫。

10 知而不行，是不知也

當你看到某一本書出現在《紐約時報》暢銷書排行榜上，心裡或許會這麼想：「我也可以寫一本更精彩的書。」沒錯，說不定眞是如此，但你爲什麼不做？此話也可應用在其他你有能力複製或超越的成就上。如果你希望在某個特殊領域擁有一番作爲，那麼光說不練是成不了大事的。

你也許相信「知識就是力量」這句話，但事實不一定如此！唯有懂得運用知識，並且運用得宜，知識方能成爲力量。要是你不打算把知識用出去，就別向世人吹噓自己的學問。佛家強調：「知而不行，是不知也。」如果不懂得利用知識去完成有意義的事，便不該高唱知識（智慧）無用論。

行動勝過語言，再小的行動都比千言萬語更有價值。觀察別人的所作所爲，固然能學到許多東西，但有時候你也必須爲了滿足自己做點什麼。冷眼旁觀世事，絕對無法得到滿足，反倒容易憤世嫉俗。

如果你想成大功立大業，就應當劍及履及。菩提達摩說過：「眾生皆明佛道，然行之者寡。」言出必行，如果光說不做，連你都會嫌棄自己。你的構想即使不比別人好，起碼也能旗鼓相當，但是這點得靠行動來證明。現在固然可以放言高論你能完成哪些驚人壯舉，但最重要的還是將來能夠動手做到。

假使不能努力貫徹理想與抱負，偉大的構想將無用武之地。直覺、創意、意志力，是邁向成功的最佳資產。如果只是說說而已，「偉大」的點子永遠只是個點子，能利用這點子創造某樣東西，才能顯出它的偉大。

少想多做。成功者與普通人之間的差別，就在前者總是參與有趣的旅程，是行動派。後者正相反，他們只對某些目的地感興趣，卻拒絕加入必要的旅行。不旅行，就到不了新終點。

生於十八世紀、卒於十九世紀的德國詩人歌德身兼小說家、科學家、政治家、畫家和哲學家等多重身分，一個人的一生怎麼可能擁有如此豐富的成就？歌德曾對世人提出這樣的忠告：「一個人無論自認或自信能做什麼，都要展開行動，行動含有一種魔力、魅力和威力。」

你也許是個安於現狀的人，那就不妨擬個可以改變未來生活的大計畫，把人生變得多采多姿、富於挑戰、充滿刺激，最重要的是，一定要付諸行動。世界需要多幾個行動派，而不需要只懂得高談闊論的人。

11 世事多變，得學習隨機應變

雖然我們可以盡力改善生活，但也必須牢記一點：世事無常。無論貧富，每個人的未來都是不確定的，明天有苦也有樂，將來會發生什麼事，誰都難以拿捏或無從掌握。不管你具備多少天分、付出多少心血，也不能保證一定能夠完成大志。

或許，你在人生的旅途上已和墨非定理打過照面，墨非說：「凡事都不如表面上那麼容易，完成時間也比預期中來得長。如果事情要出錯，一定發生在最不恰當的時刻。」我不完全同意墨非的說法，覺得這種論調太過悲觀，但還是值得銘記在心。雖說所有事情並不一定都選在最不恰當的時刻出錯，不過這種情況的確常見。

生活裡總會出現某些意外的干擾，憑空冒出許多的障礙。例如整修房子往往要比預算多花兩倍的時間和成本才能完工，事業、旅行、社交、婚姻、休閒之類的計畫，也都會在不期然間受到某些負面影響。雖然你能平步青雲，但好事總有結束的一天，所以不要以爲一切都在你的掌控之中，這種感覺不會持續到永遠。

世事多變，但沒人確定何時會變，某些意外事件可能擾亂你一分鐘、一整天，甚或好幾年。記住：生活巨變很少發出預警，要成就任何大事，消耗的時間也很可能長得出乎意料，有時還得徹底放棄亟欲到手的東西。如果那樣東西對你來說十分重要，最好事先做好隨時迎接意外的心理準備。

我們所能確定的是：天有不測風雲，未來充滿變數。學習適應快速變遷的環境很重要，因爲這是個變化多端的時代。我們固然可以抗拒改變，但改變終究還是要發生。或許，令人害怕與抗拒的是環境異動帶來的短期陣痛。

思想、行爲比較彈性的人比較不在乎生活形態或處事方法受到顚覆，所以依然大有作爲。許多研究顯示，能以創新態度順應變局的人要比故步自封的人來得長壽，這絲毫不足爲奇。改變固然令人不安，但往往能爲將來創造更好的結果。

與其抗拒改變，不如隨機應變，這樣才能活得更輕鬆、更愉快。世事無常也有好的一面：生活中最值得珍惜的片刻常在不意之間悄然而至。與其對意外發展感到恐懼，不如認清這些發展也可能代表潛在的機會。災難會影響計畫，意外的好運也不例外。

一味擔憂未來並沒有意義，因爲明天比你想像中還來得快。說來荒唐，我們越難預卜人生大事，就越想仰靠預言，然而大家除了知道未來一定會一天天出現之外，其他事情一概無法盤算。世事難逆料，是唯一可以肯定的事實，最好的應變策略則是期待意外的降臨。相信自己的直覺和創意，能幫助你順利度過人生的旅程。

12 過度安全，即是危險

羅斯福總統夫人愛蓮諾說：「沒有人生來是安全的。」然而一般人似乎終身都在尋求安全。安全只能說是一種錯覺，過度安全，反而危險。

大多數的情況是：不敢冒險，危險更高。

我們都有安於現狀的傾向，即使不滿現況也安之若素（因此才會發生各式各樣的心理疾病），例如在職場上，我們寧可忍受僵化的工作、討厭的職業、刻薄的公司，而大家之所以抗拒改變，是因爲恐懼未知。

也許你早就習慣了舒適安逸、庸庸碌碌的例行公事，但偶爾還是應當找件能夠拓展個人才華的事情做做。對自己要有信心，當直覺引導你去從事不至於危害生命的冒險，就懷著信心勇往直前。

如果你不滿意自己選擇的職業，最危險的問題大概就是懶得離開現有工作，但是千萬不要等到時機成熟才辭職，最好馬上就跳槽，因爲適當的時機永遠不存在。大多數重要決策都必須承擔某些風險，根據皇家（Royal）銀行的一項調查顯示，成功的企業家都不願從事安全可靠的工作，他們相信冒險犯難才能增長實力和智慧。弔詭的是，勇於冒險反而讓他們獲得了更多保障。

當然，對愛好刺激的人來說，冒險可能招來禍害，所以千萬不可草率行事，以免損失生命財產。承擔過高或極不穩當的風險，是愚昧的行爲，必須先經過精打計算，再放手一搏，最重要的是：接受聰明而不是愚蠢的風險。假設你已年過半百，來年向閻羅王報到的機率還不是很大，又覺得無所事事，那麼何不從事一些既沒有安全顧慮，又能體驗許多快樂與滿足的冒險？

有行動也許比不行動的風險還來得小。人生最美妙之處，就在它是一場探險之旅。奇妙的愛情、絕世的英名、傑出的成就，都必須經歷大風大浪才能享有。安安穩穩過一生，固然也能擁有自己想要的東西，然而最後到手的東西恐怕還比預期中少。換個角度來說，冒一點點風險，則可能換來大好的機會。

踏著安全的旅途前進，抵達不了風景壯麗的目的地。不要因爲情勢對你不利，便拋棄理想。很多人自己不敢嘗試某些事情，就批評你不應該跑去嘗試。不必理會這群懦夫，他們巴不得你也和他們一般懦弱。有時候，你還是得鼓起勇氣接受命運的安排，努力迎向未知。勇於追求個人目標，會得到更大的快樂與滿足。

如果你覺得你選擇的人生道路走起來安全又踏實，那條路也許不適合你。將來你在回顧此生時，說不定會因爲不曾嘗試一些自己沒做過或做不好的事情而後悔。下面這句話強調了冒險的重要性：「勇於嘗試而屢遭失敗的人，遠勝過不敢嘗試而坐享其成的人。」

13 只要用心觀看，就能體察萬物

有位事業飛黃騰達的美國企業家在擁有了大筆財富之後，決定退休過過閒雲野鶴般的日子，但是沒有多久便發現自己並不快樂，因爲生活太過空虛，於是決心尋找一位禪學大師，向對方請教充實生活的三大祕訣。

經過幾個月的尋尋覓覓，企業家終於在一座偏遠的高山找到一位禪師，禪師十分樂意向他透露營造快樂生活的三大祕訣。企業家聽完禪師的話，大吃了一驚，原來那三大祕訣是：用心、用心、再用心。

大多數人平日甚少留意周遭發生的事物，儼然還在睡夢之中。哲學家也說，我們通常都是處於無意識的狀態。雷斯柴克（Peter Leschak）的觀感是：「我們都會看東西——看電視、看時鐘、看路況——但懂得用心觀察的人卻寥寥無幾，只有少數人才能做到觀察入微。」

用心觀察，人人都能受益。不仔細觀察環境，就會發生站在公車站牌旁邊等候船隻開來的笑話。法國詩人樊樂希（Paul Valery）曾提出一項有益的忠告：「實現夢想最好的方法是保持清醒。」用心觀察周遭世界，將會發覺身邊不乏唾手可得的機會，那些機會說不定還嫌太多。

關心大事很重要。只注意小事，容易遭到意外的打擊。不關心大事，則看不見可以事先預料的變故。

假設你了解人類的視覺是怎麼運作的，就知道眼睛所看到的景象，只是實物的一部分。建議你到自己走過很多回的某條街上散步，儘量慢慢仔細觀察每樣事物，你會意外發現許多以前從未留意過的趣事。美國棒球明星貝拉（Yogi Berra）說得好：「只要用心觀看，就能體察萬物。」

視野比視力重要。擴大視野，就是要以全新的觀點面對熟悉的經驗。若想增加探索世界的樂趣，訣竅之一即是練習保持彈性。有句法國古諺說：「在盲人的國度裡，眼睛就是國王。」保持彈性的人看得到別人看不見的事物。

觀察力是最重要的生活本錢，你看到什麼，就學到什麼。別任眼睛荒廢，應當加倍關心世界。只要用心觀察，便能發現身邊各種有趣的事物。改變視野，就能改變生活。

14 接受現實，掙脫幻想的禁錮

我們之所以想逃避現實生活，是因爲現實生活與理想生活之間存有很大的差異。對世界產生錯覺，會麻痺人的心智。美國喜劇作家布魯斯（Lenny Bruce）說：「現實與理想之間夾著天大的謊言。」兩者的差距越大，我們越有可能活在虛幻中。

大多數人花在描繪理想生活的時間都太多，用在觀察與接受現實生活的時間則太少。他們以爲自己知道理想的生活應該是什麼樣子，而且一心只想過那種生活。老是想像日子該怎麼過，會蒙蔽現實生活的眞相。有些人明明看不清現實，卻不理解他們爲什麼不能隨心所欲過日子，以至於因爲不了解實際狀況，而遭受不幸的打擊。

現實生活自有一套遊戲規則，了解這些規則很重要，只有白痴才會在不懂規則的情況下堅持玩到底。現實固然有其殘酷的一面，但你最好尊重它。干擾現實，會遭到現實反擊。不干擾現實，便不受現實干擾。

無論你心地多麼善良，是不是爲了造福別人自願試用新產品，你都無法改變現實。假設你爲了抵抗地心引力（現實）而從十層建築的樓頂跳下去，那麼你將付出昂貴的代價。

現實生活與理想生活是有距離的。我們當然都希望富人少賺些錢，窮人多掙點錢；也認爲社會應當籌備基金好讓全民享有更完善的醫療照顧；政府應該建造更便捷的高速公路，讓大眾通勤時間從一個半小時減爲二十分鐘。乖乖！這些主意聽起來可眞不賴！大家很容易就把事情想像得天花亂墜，但是無論花費多少時間構思理想生活的形貌，都無法扭轉現實，現實依然故我。

荷蘭首都阿姆斯特丹有座天主教堂刻了這麼一句銘文：「世事如此，永不改變。」這並不表示你不應該考慮匡正現實弊端，既思之，則行之，而在改革過程中，仍須顧及現實。有些意外事件會破壞你的計畫，所以你可能要灑下多年的血汗與淚水才能見到成果，甚至也可能看不到任何結果。你以爲有些事情很容易，事實卻不然。

現實固然有殘酷的時候，但面對現實仍有好處。在現實世界裡經歷一番驚濤駭浪，能爲生活製造奇蹟。依照現實而不是想像過日子，生活也能出現戲劇化的轉變。只要態度健康，努力不懈，現實世界會比想像世界有趣得多。

生活永遠無法照著我們希望或想像的情形過下去，接受現實才能掙脫幻想的禁錮。對人生感到失望，半多起因於理想與現實不符。認清現實生活的面貌，不再憑空幻想，才能享受健康的人生。擁有接受現實的能力，等於擁有一項重要的資產。

15 贏家責備自己，輸家諉過於人

社會上有不少人習慣以推諉指責的方式來解釋自己的缺點和窘態，這並不是可喜的現象。那些人不肯爲自己遭遇的問題及不幸負責，反而拿各種藉口當工具，用來掩飾他們不知勤奮、不求上進、擔心失敗的事實。熱中找藉口的人一旦陷入僵局、一事無成，總是拿各種理由爲自己開脫。

若是認眞檢討，我們會發現自己也有一籮筐的託辭：如果我的教育程度高一點、如果我的父母更開明、如果我的經濟狀況好一些、如果我也像別人一樣擁有更多休閒時間、如果我沒有負債等等。馬克吐溫有句名言：「說一千個藉口，也找不出個好理由。」由此可見，爲了失敗而推諉指責，是站不住腳的。

如果你老是把自己的缺點怪到別人頭上，就應該改掉這習慣，別再指責社會、教育、政府、總統、經濟。這麼一來，還可以怪罪什麼人或什麼事？除了你，還有誰？奧地利抒情詩人黎珂（Rainer Maria Rilke）說得很中肯：「如果你生活潦倒，別把罪過推到貧窮身上，要怪就怪你自己。告訴自己：你還沒資格成爲錦衣玉食的詩人。」

勇於認錯，是面對挫折最好的反應。當你承諾簽下某個協議或合約之後，才發現有些條文比你想像中嚴苛，你就不該責怪別人，沒看清楚細節是你的錯。這時除了履行合約義務，別無選擇。雖然你得到的好處沒有預期中那麼多，卻有另外一大收穫，那就是學會今後務必小心閱讀細節。只要牢記這個教訓，就不會重蹈覆轍了。

勇於認錯，才能問心無愧地過日子。贏家責備自己；輸家諉過於人。你是否花錢如流水？那就先怪你自己，並從現在開始設法自我節制，開源節流。你是否覺得你在從事某筆交易時被佔了便宜？那就感謝對方給了你這個教訓，並接受上當的事實，承認自己沒有多下點功夫評估這筆交易是否有利。

美國植物學家卡佛（George Washington Carver）說得一針見血：「百分之九十九的失敗都是習慣替自己找藉口的人造成的。」推託搪塞、諉過於人，是你應該戒掉的兩個壞習慣。這種惡習會剝奪你的時間和精力，以致無法採取改善生活的行動。與其把時間精力花在推諉指責上，不如用來完成有用的計畫，增進個人的快樂與滿足。

如果你很擅長替各種事情找藉口，那就表示你一無是處，什麼也做不好。只要用心觀察，不難發現世界上多的是才能、學識、相貌、魅力都比不上你，成就卻沒人比得過的人，他們很少或從不替失敗找理由。南丁格爾說：「我有今天的成就，有兩個原因：我從不找藉口，也絕不聽藉口。」

戰勝越大的困難，獲得越大的滿足

假設你要別人在簡單和困難的差事中挑一樣來做，多數人都會選擇前者，因爲大家都有好逸惡勞的傾向。弔詭的是，逃避苦差事固然能夠換來一時的安逸，卻會造成長期的不安甚至痛苦。

你曾因爲做完一樣自認爲無法完成，或別人認爲你不可能完成的差事，而感到異常興奮嗎？譬如戒煙，那肯定是費盡千辛萬苦才辦得到的。然而，經歷過一番折磨與痛苦之後，卻能產生極大的成就感。

當我們選擇了舒適好走的路，將來反而會面臨艱難困苦的生活。百分之九十的人幾乎都是挑這條路走，因爲誰都喜歡享受短暫的舒適，然而這麼做卻可能招來長期的困擾。一個寧可繼續抽菸的癮君子，就是選擇了舒適好走的路，但總有一天還是會自食惡果，成爲既難過又痛苦的長期抽菸受害者。

我們也可以選擇艱辛難走的路。從長遠來看，這也是一條能讓生活漸入佳境的路。百分之十的人都習慣走這條路，因爲他們明白，經過短期的耕耘，才能得到長期的豐收。一個歷盡煎熬在短期之內戒菸的人，將來才能體會戒菸的各種好處，包括改善了健康、減少開銷、心情轉好等。

今天完成最艱鉅的任務，明天就能享受最甜美的回憶。當我們面對、克服了工作上的挑戰，才能獲得成就感與滿足感。也許你會認爲擁有了財富，生活就能過得逍遙自在。然而，成就感與幸福感並不會隨著享樂與安逸而至，只有最困難的工作才能帶給人最大的滿足。

倒吃甘蔗的原則可以應用在生活每個層面，包括工作、理財、育兒、交友、戀愛、保健、運動、養老等等。選擇舒適好走的路（例如坐在家中觀賞一堆不花大腦的電視節目），只會讓你走進死胡同，唯有從事富於挑戰、有時還會令人感到棘手與挫折的活動，才能獲得長期的滿足。而要完成這些活動，則必須付出時間、努力和毅力。

也許你會夢想自己得天獨厚，要什麼有什麼，那就靜下心來認眞思考一下這樣的生活，你會發現日子變得乏味。下回若再遇到困難的差事，請不要無病呻吟，應該感謝你的生活充滿了樂趣。

一生的成就得靠血汗與淚水來換取，經過長期努力掙來的成就，最能讓人滿足。希臘哲學家伊比鳩魯說：「戰勝越大的困難，就得到越大的滿足。」要開創幸福美滿的人生，必須付出努力和行動。該怎麼選擇，決定在你。

17 自憐無濟於事，不如正向改變

許多人寧願以受害者自居，也不願振作精神做些有意義的事，這實在是個令人費解的怪現象。生在現代，扮演受害者的角色甚至成爲一種潮流，各種媒體記者也競相尋找受害者，把他們當作報導題材。面對一個鼓勵甚至嘉許受害心態的社會，恐怕必須具備堅強的人格，才能找到充足的動機和動力去展開正向的改變。

世上的確有許多受害者，那些曾經遭受不法分子、酒後駕駛人、第三世界高壓政府侵犯的人，當然有權抱怨他們的處境，要求得到公平的待遇。然而，就算眞正受過迫害的人，也沒必要繼續扮演受害者的角色，否則經歷一段時間後，反而得不著任何好處。美國諧星畢林斯（Josh Billings）說：「自憐不費分文，但也不值一文。」

許多人都很容易情不自禁地產生自憐心態，即使本身並不可憐，也自認是受害者。他們因爲自己的處境不佳，就認爲這是個爾虞我詐的世界，把個人的不幸和寂寞歸咎於社會、父母、經濟，甚至全世界。懷有自憐心態的人最顯著的特點是：他們會大費周章地逃避責任，把生活搞得一塌糊塗。

如果你曾擁有不幸的過去，又要面對不定的未來，自憐心態並不能讓你的生活步上軌道，所以必須了解自憐的後果。同情自己的人寧願窮數月、甚至數年之力諉過於人，卻從來不肯承擔責任，好好解決自己的問題。他們只要繼續把自己看成無助的命運犧牲者，就會永遠與幸福絕緣。話說回來，這些人一旦有好日子過，又會想盡各種理由拒絕享樂，不計一切代價（甚至賠上快樂）地憐憫自己。扮演苦命的受害者，變成他們唯一的生活目標。

心理醫師葳娜戴薇絲（Michele Wiener-Davis）在《趕走退縮》（*Fire Your Shrink*）這本書裡對自憐心態的害處著墨甚多，並解釋了心理治療對大多數退縮者無法生效的原因，還舉出一些個案說明某些病人雖然有過自憐心態，但後來都靠改變生活的方式戰勝了這種心理，她說：「努力實現夢想的人，既不考慮各種觀點，也不衡量利弊得失，而是直接行動……他們早就領悟一個道理：別對朋友、家人、醫生說空話……應該馬上行動。沒有行動，就不能改變現況。」

當你發現你正在可憐自己，就記住「自憐不費分文，但也不值一文」這句話。環境的影響再大，你都可以控制自己的心理反應。為自己的思想與行為負責，便毋須責怪他人、社會或政府。盡情享受生活的人無暇充當受害者。

生活無聊嗎？請設法改進

哲學家尼采說：「人生太過短暫，何來無聊之暇？」話雖如此，世界上還是有千千萬萬人對人生感到厭倦乏味。無聊會奪走生存意義，澆熄生活熱情。表面上看，似乎只有遊手好閒、失去工作的才會特別覺得無聊，但是擁有高階、高薪的人一樣也會覺得生活煩悶。

如果你正感到頭痛，睡不著覺，而且才剛吃過一大塊三明治，又很渴望再來一份，那就表示你覺得無聊了。對生活厭倦，會造成頭疼、背痛、失眠、性無能之類的毛病，也是沉迷賭博、飲食過量、罹患憂鬱症的成因，有些心理學家和醫師甚至將無聊列為重大疾病。

心理學家認為一般人比較常見的無聊原因包括：願望沒有實現、工作陷入僵局、缺乏體力活動、旁觀多於參與。那麼我們要問：誰該為這些事情負責？當我們容許這些事情闖入我們的生活以後，才會感到無聊。

許多人都認為，無聊是外在因素造成。一旦覺得生活索然無味，就將之歸咎於社會、朋友、親戚、品質低落的電視節目、平庸無趣的城市、經濟不景氣、天氣不好等等。把責任推給外在因素，是大家最容易產生的反應，這樣就不必對自己負責了。

雷納德（Jules Renard）宣稱，覺得人生乏味，是對自己存在世上這件事最最嚴重的侮辱，稍具聰明才智的人想必都會同意這看法。世界上有這麼多有待利用的好機會、這麼多正在發生的好事情，怎麼可能還會有人覺得無趣？

你我偶爾都會感受到某種程度的無聊，諷刺的是，我們一度熱切追求的許多東西，最後卻可能挑不起我們的興致：新工作不再吸引人；令人興奮的人際關係變得沉悶窒息；曾經教人珍惜的休閒活動看起來像在浪費時間。

缺乏想像力是造成無聊的原因。當無聊來襲時，就要設法迎擊。如果你在同一個工作崗位待了十年，覺得毫無樂趣可言，那就試著來個一百八十度大轉變（譬如休假一年、旅遊世界各地，或寫一本書），趁這大好機會趕走無聊，享受過去從未享受過的生活。

下回如果你覺得日子悶得發慌，那就要提醒自己：誰該爲你的無聊負責？詩人湯瑪斯（Dylan Thomas）說：「有個人在煩我，那個人就是我。」這句話有助於你找到解答。處理無聊情緒的方法其實相當簡單，只要忙著做自己愛做或想做的事就行了。肯爲自己的煩悶負責，便能有效驅除無聊。

19 充實生活，擺脫憂愁

爲小事（偶爾爲大事）擔憂，是現代人不自覺常做的活動之一，因此每天總要花上好幾小時愁眉苦臉一番。賓州州立大學一項研究指出，百分之十五的美國人每天至少有一半時間是在操心煩惱。這些人無論何時何地都顯得心不在焉，而且大都想些令人憂愁遺憾的事。

想想你每天要消耗多少時間擔憂煩心，一天花一個小時，就表示一年有三百六十五個鐘頭都在苦惱，就算一星期只花一小時想東想西，可能也太多了。或許你已經發現，大部分的憂慮都是自找的，而且得不到一丁點好處。

愁緒滿懷只會剝奪你寶貴的時間，過度操心還可能帶來更嚴重的後果。研究人員指出，大約三個美國人當中，就有一名因爲經常發愁而罹患嚴重心理疾病。憂慮容易使人緊張、頭痛、驚慌，還會罹患潰瘍和其他相關疾病。恐懼、焦慮、內咎，都是造成憂鬱的原因。

可悲的是，我們花在操心芝麻綠豆小事的時間都太多。研究顯示，在大家經常擔憂的事情裡，有百分之四十永遠不會發生，百分之三十已經發生或進行了很久，百分之二十二是不起眼的瑣事，百分之四是我們無法改變的事物，最後百分之四才是值得我們採取行動的大事。換句話說，百分之九十六的擔憂都在浪費時間，因爲對象都是我們無法掌控的。由於我們只能控制剩下的百分之四，這些擔憂也很浪費心力。結論就是：一切擔憂都是徒勞無益。

處理煩惱的方法之一，是先問幾個相關問題。想想你擔心的事情發生的機率有多高？萬一這事發生了，最壞和最好的情況是怎樣？發生最壞和最好結果的機率又如何？你曾經在不嚴重影響個人生活的情況下，將類似事件處理得十分圓滿嗎？

另外一個有效處理方式，是投入既有益身心、又能分散焦慮的活動，這樣即可大幅轉移擔憂的情緒。用希望、夢想、有創意的目標來充實生活，藉此擺脫煩惱。

一切擔憂都是浪費時間，對生活也不會產生任何正面影響，這是不言可喻的道理。馬克吐溫曾經如此描述擔憂的愚蠢：「我是個老頭，腦袋裡裝滿一堆煩惱，但那些事兒多半連個影子都沒見到。」總而言之，該怎麼做，就看你怎麼選擇。你可以花一整天功夫擔心那些子虛烏有的事，也可以利用這些時間完成所有重要工作。

20 因循蹉跎，不進反退

因循蹉跎就是浪費時間，任何人都有拖沓延宕的傾向，只是程度有別，所以並不在乎慢點完成某些計畫和工作。問題是，我們總不自覺的耽擱最重要的工作，把時間用在不太重要的事情上。一部專供猶太教贖罪日唸誦的希伯來祈禱文說：「我們經常拖延時間，不能今日事今日畢，然而上帝一次只給我們一天，有沒有明天還是未定之數。」

要從日常生活裡獲得滿足感，根本之道即是努力達到自己的期望，而要做到這點，則必須動手完成重要計畫。拖延重要工作與計畫，到頭來只有對自己失望的分兒。壓力專家說，因循蹉跎會增加恐懼與內咎。尋找藉口專揀不重要的事情做，也必然一事無成。有位塗鴉作家說：「因循蹉跎，不進反退。」

也許你會刻意忽視某個大問題，希望它就這樣隨風飄逝。對小事不聞不問，任其自生自滅，還不至於造成大礙，但是遇到嚴重的問題，就不能置之不理。這些問題若不設法處理，只會越演越烈。如果耽擱太久才做處置，就算小事也會形成大禍。

今天不把重要工作做完，明天它們還在原地踏步，毫無進展。有時候，你會發現一件早該完成的差事不知怎麼搞的竟然一拖再拖，這時就必須趕緊動手。如果這件事很重要，那麼遲早都得採取行動。萬事起頭難，一旦開始動手，就等於成功了一半。

不要拖拖拉拉期待適當的時機來臨，也別想等到新年頭一天再動工。完美的情況永遠不可能出現，拖到萬事俱全才準備行動的人，將會一無所獲。今天就是最恰當的時機。

喜劇作家萊特（Stephen Wright）謔稱：「我正在寫一本書，但至今只編了頁碼。」（此書標題應該叫做《一千零一個不花力氣拖延時間的妙招》）換句話說，另外一種耽誤工作的方式，就是雖然已經開始做了，卻只完成了一部分。開始動手固然可謂成功了一半，但還必須再接再厲。如果手邊的工作相當重要，最好是在接下新任務以前完成。

假設你明天就該達成工作目標，不能老是停留在昨天的進度，那麼今天就得擬定完工計畫，不是光在腦子裡想想就夠了。一旦決定好需要優先完成的項目，便從即日起開始動工，別管自己有哪些藉口或問題。

要克服拖沓延宕的習性，必須切實展開個人計畫，還要有始有終，以免心生愧疚。一旦完成重要計畫，也應當給自己一點鼓勵，享受一下大功告成的成就感。能夠主宰自己的生活，不但可以獲得更好、更大的成就，也能心情愉快地迎接明天。

21 生活欠缺秩序，奢華也無意趣

你希望擁有輕鬆愜意的生活嗎？那就設法培養善於安排生活次序的優點。如果家裡混亂找不到所要的工具，購買再昂貴的工具都沒有意義。也許你早就發現，生活講求條理，就能過得如魚得水；生活條理不分，則會過得天昏地暗。凡事井井有條，才有時間追求更多的成就，這些成就都是雜亂無章的人渴求不到的。

注重生活秩序的人，每天都會靜下心來思考應該如何有效利用個人時間和身邊事物。他們不但一日數省吾身，也會安排適當計畫，以免生活大亂。弔詭的是，如果你很懂得按部就班，反而會有更多時間隨意從事計畫之外的活動。

要維持生活秩序，就儘量簡化事情，這原則可以同時應用在個人生活與職場生活中。當某一部分生活失去了控制，其他部分也會受到影響。私生活紊亂，會波及工作表現；工作進行得漫無章法，也會擾亂個人生活。

欲使工作更上軌道，就得多花點時間好好整頓自己的生活。例如當同事和競爭對手一早已經到達辦公室展開工作，你不應該還在家裡浪費寶貴的時間尋找乾淨的襪子。私生活陷入混亂（例如交友、婚姻出了問題），你的事業或工作成就也會受到影響。

同樣道理，工作進行得井然有序，就有更多時間從事個人活動，也更有心情享受休閒時間，無須爲了沒有按照期望多完成一些工作感到內咎。要是下班以後還有時間輕鬆一下，做些屬於計畫以外的事情，心情也就更加愉快。

想增加工作條理，必須決定優先次序，先集中精力完成最重要的項目，專心做好效益較高的工作，縮減利潤較差的業務，並牢記八十比二十原則；也就是百分之八十的生產力來自百分之二十的努力，其餘百分之二十的生產力則佔用百分之八十的工作時間。

維持生活秩序的訣竅在於：不論工作或娛樂，都要全神貫注，避免分心。一般人很容易在完成重要工作之時心生旁騖，被雜七雜八的外在事物（例如愛聊八卦的同事、沒有營養的新聞，以及電視節目、網路消息、高爾夫球經、足球賽實況、電話推銷內容、朋友近況、愛情進展等等）吸引，因此造成工作中斷，無法迅速處理。

少花時間關心瑣碎的小事，就能大大的簡化生活。安排固定時間輕鬆享樂一下雖然無可厚非，但總得先把正事做完。拒絕參加會分散你的注意力、使你無法完成重大目標的活動，即使正在處理微不足道的小事，也不要忘記生活的優先次序和長遠目標。

如果你的生活正處於脫序狀態，就從今天開始建立秩序，不要拖到明天才做。養成條理分明的優點，你會變得出類拔萃。

22 學歷高，不一定活得好

你一定注意過一個現象：擁有博士學位的人不一定都很快樂，世上最快樂的人也不一定知道博士爲何物。教育水準與生活快樂、滿足的程度並沒有太大的關聯，這點跟大眾的想法正好背道而馳。有些人雖然擁有值得炫耀的學歷，卻不見得深具智慧。

許多甫出校門的大學畢業生常這麼認爲：他們是社會菁英分子，注定年紀輕輕就能享有人人稱羨的名利、愛情與事業。沒想到在職場翻滾了幾年之後，卻被沒有意義的工作套牢，全然無法實現自我、享受生活、創造成就。即使是才幹一流之人，也得不到精神、經濟、社會方面的報償。知識分子與智者之間存有極大的差別，連知識分子本身都很難道出其中分野。有位智者如是說：「教育是幫助眾人不必仰賴智慧生存的工具。」

美國麻州大學心理學教授艾普斯坦（Seymour Epstein）發現，情緒智能比學術智能重要，建設性的思考能力則是成功的要件。這種思考能力與一個人的智商或教育程度幾乎完全扯不上關係，意思是指善於針對某種情況採取行動，不一味抱怨，也不在意他人觀點，或被那些觀點激怒的能力。建設性的思考能力可以決定生活品質的優劣，影響的層面包括薪水、升遷、人際關係、身心健康等等。

研究成功者的行爲與態度，有助於了解他們成功的原因。這些人不是在學校裡學會如何處理失敗及情緒不佳的問題，而是靠實際的生活歷練學到那些祕訣的。一項調查顯示，百分之三十生活富裕的美國企業家都表示他們只有高中學歷，可想而知，有些人肯定連高中都沒畢業。

身心靈的健康不是靠哈佛大學或史丹福大學的文憑換來的，擁有學士學位，也不一定知道如何應付生活壓力、如何獲得快樂與滿足。大學生或許知道國家經濟出了什麼問題，卻不一定了解企業家是靠什麼手段享有舒適安逸的生活。法國哲學家孟德斯鳩說：「我們的教育來自三方面，一是父母，二是老師，三是社會，第三種教育則與前面兩者相抵觸。」

智力不代表智慧，若想活得好，還必須擁有比智力更重要的智慧、創意和鬥志。在生活歷練中學會某些重要人生哲理，是接受現實教育的結果，這種教育和學校裡的課程絲毫無關，而是透過個人的經驗得來的，有別於正規教育。

要活出智慧來，是大家共通的理想，但也要具備提出疑問、解決問題的能力才做得到。博士學位無法取代現實經驗，現實經驗必須結合想像能力和學習動機始能獲得。

23 時間勝於金錢，應當善加利用

現代西方文化十分迷戀金錢至上、工作至上、速度至上的觀念，於是「時間就是金錢」變成了一句口號，受到經濟學家、會計師、商界人士一致的擁戴。這觀念其實是個謬誤，時間不是金錢，價值勝於金錢。時間代表生命，也代表幸福，堪稱最貴重的商品，人人皆當善加利用。

大多數人一生都在揮霍生命，彷彿今生結束還有來生似的，然而時鐘永遠滴答滴答走個不停，光陰不會爲任何人停下腳步，也不在乎你想浪費它，還是善用它，它就這樣繼續快快樂樂地向前走，只有你才知道自己是否在虛擲人生。

建議你把國民平均壽命當作參考數字，估算一下你還剩多少時間可以做你想做的事，如果得出的數字高於平均壽命，那是天上掉下來的好運。切記一事：就算你是個身體健康的年輕人，也很可能只剩幾年、幾個月、幾天，甚至幾小時可活，只是你無從得知罷了，所以不要浪費時間從事無法獲得快樂與滿足的活動。

我們可由許多報導與文章得知，現代美國人大都認爲自己時間太少，沒有足夠的空閒，但是也有研究指出，由於子女和家事數量減少，大多數美國人其實比過去擁有較多的餘暇（大約多出五小時），所以問題不在休閒時間不足。大家雖然有閒，卻把時間浪費掉了。

我們總是參與太多無法提升生活品質的瑣事。美國作家梭羅（Henry David Thoreau）曾提出一個問題：「光知道忙碌是不夠的……，還應該問：我們究竟在為何事奔忙？」如果你常把時間用在不花心思的娛樂上，例如專看一些不用大腦的電視節目，或是漫無目的上網瀏覽，就要提醒自己：你消磨時間，時間也在消磨你。想過幸福美滿的生活，就必須認清自己應當減少參與哪些瑣事的時間，把這些時間拿去加入更富挑戰性和趣味性的活動。

你應該支配時間，而不是被時間支配，還要做到均衡分配，不要老想趕快做完每件事情，也不要從早到晚無所事事。如果你連喘一口氣或聞聞花香的時間都沒有，那就要怪你自己。生活裡大大小小的事物，都應當有所取捨。

也許你會這麼想：既然沒有足夠的時間可以完成工作，哪裡還有時間追求滿足、平衡、休閒、社交、旅遊、創意的生活。那就再想想：你一天擁有一千四百四十分鐘，世上每個人的時間也是這麼多。

把「時間就是金錢」這句座右銘改成「時間就是幸福」，便能擁有平衡、滿足的生活。了解自己運用時間的方式，並力求品質提升，把一天當中大部分的時間用來完成重要的大事。一旦發現自己浪費時間，就記住美國教育家何洛斯（Mann Horace）的話：

「昨天我從早到晚損失了最珍貴的兩小時，每個小時都包含了寶貴的六十分鐘，結果一無所獲，因爲時光一去不復返。」

24
電視，是插上電源的毒品

美國幽默作家龐貝珂（Erma Bombeck）說：「如果一個男人連看三場足球轉播賽，就應該正式宣告他已死亡。」這是一句多麼眞實的話。除了足球轉播賽，這句話也可以套用在所有運動節目、益智節目、連續劇，以及家庭單元喜劇。只要每天看電視時間超過三小時的人，都可以正式宣告死亡。

根據調查顯示，美國人消耗最多時間從事的娛樂活動就是看電視，他們坐在電視機前的時間，便佔去百分之四十的休閒時間，即使號稱自己沒有餘暇運動、訪友、欣賞日出的人也不例外。十八歲至六十五歲的美國成人每星期共有四十小時的空暇，其中花在看電視的部分就佔了十六個鐘頭，只有兩小時用來閱讀，四小時用來與親戚、朋友、熟人閒話家常。

諷刺的是，有人曾將一般美國人從事二十二項休閒活動所能獲得的快樂與滿足做成一份排名表，結果顯示看電視名列十七，閱讀名列第九。爲什麼看電視的人得到的滿足感如此之低？因爲他們選擇這項娛樂的理由是：看電視不用花力氣。不過，既然看電視得不到太多滿足感，那麼我們也可以推斷：簡單好走的路將來恐怕會變得窒礙難行。

每天固定看半個小時或九十分鐘的電視，還不至於妨礙生活，但是如果你沒辦法連續兩三天不碰電視，就表示你對這方盒子上癮了。電視看太多，正如嗑藥、酗酒、賭博一般，也是不良嗜好，美國作家文英（Marie Winn）就曾把電視比喻為「插上電源的毒品」。

有些人不以為然，並宣稱看電視可以獲得大量資訊和教育，但許多研究人員無法贊同，他們認為除了電視提供的資訊外，得不到任何有用的知識。電視觀眾雖然可以盡情消遣娛樂，卻鮮少從中獲得知識及教育，因為大多數電視觀眾都認為，知識性和教育性的節目太無聊了。

全美反電視聯盟是以美國華府為基地的全國性組織，該組織呼籲社會大眾應當小心電視後遺症：看電視是一種完全被動的活動，觀眾的腦力和心智甚少受到激盪與挑戰。此外，還有其他害處，因為許多節目和廣告呈現出來的生活都與現實脫節，造成觀眾對現實世界產生扭曲的觀念，幻想自己也能擁有那種不切實際的生活。反電視聯盟還建議大眾，與其把時間花在電視上，不如加入更有意義的活動，例如思考人生方向、從事運動、參與社區事務、擔任義工。

少看電視，就能增加休閒時間，提升個人生活品質。我不能告訴各位讀者該看多少電視，那畢竟是你的休閒時間和你的生活方式，但是如果閣下每天坐在電視機前的時間超過兩小時，生活現況也與理想情況相去甚遠，那就應當參與更富挑戰色彩、更能實現自我的活動。

若是想在每天與電視機爲伍的情況下依然過得充實而有價值，唯一的方法就是在電視機前從事更有意義的活動，而且必須確定它沒插上電源，萬一有人打開電視，也絕不放棄那樣活動，寧可仿效美國諧星馬克斯（Groucho Marx）的作法，他宣稱：「我發現電視眞是太有教育意義了，每次只要有人打開它，我就躲到別的房間讀一本書。」

25 人生的目的，是過有意義的生活

精神富足的人，生活動力來自明確的生活目標或個人使命。美國詩人愛默生說：「人生的目的並不在於活得快樂，而是在於活得有用，活得光榮，活得慈悲，證明自己實實在在、健健康康的活過。」雖然愛默生認爲活得快樂並非人生的主要目的，但是當你努力追求有意義的生活，並且以此作爲主要的人生目標，快樂還是會跟隨而來。

生活缺乏目標，便失去了意義。只要憑直覺就能知道在什麼情況下你過得漫無目標，雖然你早已了然於胸，卻還是可能不斷掩蓋事實。不追求生活目標或使命，非但無法得到滿足感，甚至還可能造成情緒不穩及生理疾病。有些壓抑個人興趣和欲望的人爲了紓解痛苦與不滿，可能沉迷於酒精、毒品、工作或電視。詩人歌德認爲，沒有意義的生活會讓人短命早逝。

如果你早上經常懶得起床，那表示你的生活缺乏重要目標或使命。找到重要生活目標，才會過得多采多姿。清晨時分，你會興奮無比、熱情洋溢地迎接新的一天，無論窗外下雨、飄雪或放晴，你都迫不及待地渴望展開這一天。

嬰兒潮世代有許多人之所以遭遇中年危機，原因之一正是他們不願追求更高更遠的目標。這些人在一九八〇至九〇年代期間，大都選擇了高薪事業或工作，過著極度重視物質享受的奢華生活。時至今日，又因爲選錯了職業，紛紛產生過度緊張、乏味、不滿的感受。渴望探索人生意義，遂成爲吸引大批人士尋求靈性生活的原因。他們固守著毫無意義的工作，試圖在職場上獲得心靈的滿足，但是唯有放棄眼前的事業，選擇待遇較低、意義較高的工作，才能體驗更豐富的心靈生活。

你應該把人生目標定得高一點，不要在乎薪水。只要努力追求個人使命，就會附帶享受到優渥的生活。若想擁有充實圓滿的人生，必須投入有意義、有價值的工作。追求人生目標，就是在完成一項使命，也是你存在世上的意義和理由。

欲履行人生目標，必須順從直覺指引的方向往前走。路上或許會遇到一些危險和變動，但要擺脫無聊的生活，就得面對挑戰、迎接刺激。使命與理想應該是相輔相成的，找到生活目標，才能運用自己的創造力，並結合各種生活面向（包括個人興趣、人際關係、工作和休閒活動）去達成個人使命。

美國作家狄拉德（Annie Dillard）說：「爲目標奉獻的生活才有意義。」所以你應該追尋偉大的人生目標，每當自己覺得活得沒有意義時，就要暫停手邊工作，多休息、閱讀和思考，人生最大的挑戰便是：反躬自省，尋找目標，付諸實行。要了解自己的使命是什麼，就必須向內心探索答案。所謂追求崇高的人生目標，並不是照著社會、老師、父母或朋友的要求去做，而是遵循個人的意志。

26 欣賞別人的優點，接納別人的缺點

有位朋友只要對別人的言行舉止感到失望，便如此喟嘆：「眞是搞不懂人類！」「假設是人創造了人，他對自己的作品一定大感羞愧。」馬克吐溫在寫這句話時，想必也有同感。有時候，你也會恨不得別人（尤其是家人和同事）都跟你一樣條理分明、値得信賴、精明能幹、心地仁慈、勤奮努力、幽默風趣、講求實際，這樣世界一定美好多了。

所謂面對現實，就是接受別人本來的面貌，認清大家都不完美。忘記這點，就會產生極大的挫折和沮喪。我們會指望別人（尤其是親戚朋友）沒有缺點，到頭來受傷的卻是自己，因爲我們偶爾還是會意外發現他們有許多短處。

如果你說：大多數人都相當無知，這句話顯然沒錯。愛因斯坦肯定是對人類的智力大失所望，才會吐露這麼一段話來：「在我的觀念裡，只有兩樣東西沒有止境，一是宇宙，一是人類的愚昧，而我還不了解宇宙。」戴恩（Frank Dane）也說過一句名言：「無知永遠不會過時，它是昨日的時尚，今日的風潮，也是明日的趨勢。」只要看看身

旁，就會發現無知的現象比比皆是。

當你想做某件事的時候，一定會發現許多人想扯你後腿，他們會抨擊你的想法，試圖戳破你的美夢，把你從雲端踢下來，如果他們對你的計畫不感興趣，也會設法加以干擾。儘管你把某樣工作做得很好，有些人還是會找各種理由抱怨你的表現。只要你燃起生活熱情，就會有人爲你潑上冷水。

除了無知，人類還有更多缺點。例如有些親戚朋友會羞辱你，即使你才照著他們的意思給了他們一些特殊恩惠也不知感激；很多人的行事規則和你遵守的規則不一樣；有些人老是三心二意，變來變去，差點把你逼瘋。

不過，某些時候還是應當站在別人的立場想想，因爲你也是人，偶爾（甚至經常）也會讓別人失望。例如搞砸事情，惹別人生氣，不論你多麼努力，還是無法達到別人的高標準。你也會批評別人，排斥別人，讓別人難堪，就像別人這麼對你一樣。

你能接受岩石是硬的、水是濕的自然現象，就能接受別人也是人的事實。如果他們不是人，你的人生就變樣了。人性雖然也有善變的時候，但從現實情況看來，人的本性是無法改變的。別人就是別人，他們不會變成我們心目中該有的樣貌。當然，許多人的確不如你誠實、禮貌、講理、體貼、精明，但他們就是這樣。

不讓別人破壞自己的心情，才能擁有更充實的生活。儘量少對別人的個性動怒，多看優點，少看缺點，自然會覺得他們隨和、慷慨、明理、幽默、溫柔、仁慈、寬厚。別花太多時間評判別人做錯了什麼，人生還有許多更重要的事等著你去完成，把審判工作交給上帝，那是他的職責！

27 交友須謹慎，重質不重量

世上最可貴的東西，莫過於真誠的朋友。朋友扮演的角色與親戚大不相同，希臘悲劇詩人歐里庇德斯說：「一名忠實的朋友，勝過一萬個親戚。」不幸的是，有些人會遇到害人的親戚；可喜的是，所有人都能選擇自己的朋友。

交友務必謹慎。霍希福修（Francois de la Rochefouchauld）說：「擁有真心的朋友是天大的福分，而我們最不懂得慎選這類朋友。」小心擇友很重要，最好的策略則是重質不重量。結交幾位推心置腹的好友，要比擁有一堆泛泛之交更能得到快樂與滿足。

所謂「質」，是指朋友的品格操守，這類朋友具備體貼、誠實、忠心、正直等特質。不貪便宜、不求回報的人，才是值得結交的良朋益友，而且必須經過時間的考驗。蘇格拉底說：「友誼需要慢慢培養。」與別人獨處一、兩回，就可以看出他們具備哪些吸引你的特質。

好朋友身上應該都有一些與你相似或相異的特質。如果天天跟想法總是和你一致的朋友在一起，你會覺得挺乏味的，所以不妨結交幾個想法和你不同或喜歡和你唱反調的朋友。

高尚的友誼可能和金錢扯上關係嗎？美國文藝界名人瑪蓓莉（Elizabeth Marbury）說：「結交的朋友越富有，付出的代價越高昂。」如果你想和這類朋友平起平坐，那代價可能是你負擔不起的錢財。如果有人想用金錢換取你的友誼，那代價就可能是你的操守。友情應當以尊重爲基礎，不該強調物質報償。靠物質報償建立起來的友誼，既膚淺也短暫。

別和朋友較量相貌、財富、權勢和名聲，這種比較不但沒有意義，也浪費時間精力，除了這些東西外，朋友之間還有更多值得關心的事物。你應該重視朋友的品德和人格，不是在乎他們靠什麼維生、擁有多少財富或多高的地位。或許你已經注意到，穿著米奇老鼠運動衫的人要比身披卡文·克萊名牌T恤的人有趣得多。

另外，最好避免和需索無度的朋友來往。如果他們常惹麻煩，每次都會指望你伸出援手，救他們脫離苦海。你需要的是能夠增進你的活力，不會讓你大傷元氣的朋友，也需要欣賞你的才幹，支持你的理想，甚至刺激你更上層樓的朋友。

不要輕忽建立高貴友誼所需付出的代價，那代價當然不是金錢。要結交品格高尚的朋友，你也必須擁有崇高的品德。換句話說，就是要表現體貼、忠心、慷慨、隨和的氣質。誠如愛默生所言：「交朋友只有一個方法：做別人的朋友。」

28

江山易改，本性難移

人與人相處，總會發生衝突與口角，或是遇到想佔便宜的親戚朋友，於是我們難免因爲別人舉止不當而感到失望沮喪，更糟的是，我們還想改變他人的行爲。常識告訴我們，別把時間浪費在我們無法改變的事物上，也不應該浪費時間去改變他人。

在試圖改善他人的行爲以前，先問自己是否應當這麼做。也許你自認你是爲了別人好，才想替對方改頭換面。這種作法表面上冠冕堂皇，其實是想操縱別人，把對方變成你想要的模樣。與其試圖改變他人，不如接受他們的眞面目。

別人有權依照自己的選擇過日子，當子女長大成人後，你也應當如此對待他們。你或許不喜歡某些人的生活態度，但他們說不定更討厭你的生活方式，那麼到底誰是誰非？答案並不重要。

只要某個人的生活態度不違法、不傷人，就不應該干涉對方。你之所以想改變他人，是因爲你認爲別人應該依你的作法待人接物。然而你的處世方法可能對，也可能錯。就算你是對的，適當的作法也不只這一種。

或許，你也和美國總統尼克森一樣自以爲德高望重，可比教宗。當然，任何道德標準跟你一樣崇高的人，都能讓教宗保羅自慚形穢，即使如此，你還是沒有權利改變他人。要是你以爲上帝期望有人擺出替天行道的姿態去干預別人的生活，那可是愚蠢的想法。你的道德標準或許很高，但是誰說每個人都應該照著這些標準做？如果別人達不到你的標準，何必還想改變他們？不如少花些時間跟這些人打交道，多結交一些既能符合你的標準，也不需要你去改變的朋友。

也許你很渴望救濟某些生活陷入困境的人，或急著想把某個人改造得更有幹勁、更講條理、更爲理智、更守信用。但請記住一個教訓：絕大多數人都是江山易改，本性難移，就算他們願意改變，也是很久以後的事，你可損失不起這麼長的時間。想在短期之內改善自己的生活狀況，或許還可以辦到，至於別人，就說不準了。

切莫因爲指望親戚朋友早日脫胎換骨，就犯了試圖改變他們的錯誤。最嚴重的錯，則是抱著自己遲早能夠影響、改變另一半的想法跟對方結婚。而最令人喪氣的事，莫過於愛上了個性與自己的期望大相逕庭的人。大多數人都不願意改變自己，將來也是如此。願意這麼做的人則是爲自己而變，而且只在適當的時機變。唯有在自己想變、能照個人想法改變的情況下，他們才會求變。

不要高估自己改變他人的能力，這些人包括朋友、親人、情侶和神經病患。除了自己，我們永遠無法改變任何人。試圖改變他人，只是徒然浪費你寶貴的時間，所以最好還是管好你自己，用那些時間來改善自我。千萬記住：一個有趣的世界，是靠形形色色的人組成的。想想看，要是每個人的行止坐臥都與你如出一轍，這世界多沒意思。

29 智者不需要忠告，愚者不接受忠告

德國詩人哈托本（Otto Erich Hartleben）曾就個人健康問題徵詢一位醫生的意見，醫生建議他戒掉菸酒，然後說：「這次看診收費三馬克。」哈托本回答：「我不付錢，因爲我不接受你的建議。」

根據過去的經驗，你可以發現大多數人也和哈托本一樣不聽別人的忠告，無論那建議有多好。如果有人願意聽從你的建議，這建議才能發揮用處，但是大多數人都不喜歡接受將來會給他們製造麻煩的意見。因此，給人忠告不但白費時間和力氣，還可能吃力不討好。

最不討好的情況，就是在別人沒有提出要求時自動給予忠告，不論你的建議有多好、用心多良苦，有些人就是不肯聽。要是你堅持對方非接受不可，兩人的關係就會變得劍拔弩張，對方非但不了解你是好意幫忙，反而認爲你在雞蛋裡挑骨頭，想抓他的錯。於是你的建議就被當成了耳邊風，因爲大多數人都不想承認自己錯了。

以主動提出忠告的方式爲別人解決問題的行徑，就和試圖改變他人是一樣的。所以

不要浪費時間精力去解決他人（包括配偶、朋友、同事）的問題，這麼做等於是在宣告別人沒有能力擺平自己的難題。富蘭克林針對給人忠告這件事提出了一個高明的見解：「智者不需要忠告，愚者不接受忠告。」

即使是在別人要求的情況下提出忠告，也有可能自討沒趣，因爲這項忠告也許根本不合別人的胃口。諧星畢林斯說：「當別人要我提供建議的時候，我會想個他聽得進去的意見告訴他。」提供讓人聽得入耳的建議，或許很適合拿來處理不太重要的問題，但是遇到比較嚴重的問題，可就有弊無利了。許多絲毫不願承認自己陷入窘境的人，其實都只希望聽到順耳的建議。

提供善意的忠告，也可能惹來麻煩。愛爾蘭劇作家王爾德寫道：「給人忠告固然不智，但提供善意的忠告絕對有害。」雖然你很樂意多說實話，但也可能因此得不償失。當某個朋友向你請教她該如何改進廚藝時，最好不要把你知道的那二十種不同作法和盤托出，否則你就再也沒機會喝到她做的酥皮湯了，因爲你才剛穿上新衣，就把那件價格不菲的襯衫弄破了。

給人忠告好比在玩一場遊戲，你不是屈居下風，就是平分秋色，不可能成爲贏家。如果別人接受了你的建議，也從中得到了好處，他們可不會承認那是你的功勞，說不定還會忘記是你提的建議。要是他們接受了你的建議，結果並沒有得到好下場，他們倒不會忘記是誰出的餿主意，甚至還會恨你入骨。

總而言之，最好避免干涉別人的私事，尤其是在沒人請你置喙的情況下。心理平衡的人不必靠主動提供建議的方式來膨脹自我，如果你打算主動提議，就告訴別人最好不要隨意接受他人（包括你自己）的忠告。每當有人要你提供建議，你也非表示一點意見不可的時候，則當言簡意賅，長話短說，切莫滔滔不絕。遇到特別敏感的話題，還要防備遭到攻訐。

30 遇到悲觀論者，趕緊逃之夭夭！

我們身邊都不乏一兩名消極悲觀、老認爲世界出了某些問題的朋友。他們多半不太容易討好，也有些難以相處，只要和他們交往幾個月，你就會坐立不安，很想知道下一步該怎麼應付他們，可惜找不到任何法律依據可以控告這些擾亂別人心情的人。

若想採取適當行動，必須及早認清哪些朋友具有消極悲觀的處世態度。這類朋友會無所不用其極地打消你的樂觀想法，拿一些噩耗和八卦來煩你，不停地訴說發生在他們身上、你也早就知道的不幸。長期跟這些人攪和，你也難免受到影響，只看見世界的陰暗面。

消極悲觀的人總認爲全世界都在和他們作對，而且巴不得別人也有同感。他們自以爲無所不知，老愛批評這批評那，對其他憤世嫉俗的人也會大獻殷勤，一逮著機會，便如同恐怖的髮膠黏在對方身上。有些人一輩子都在爲別人製造痛苦，而且似乎樂此不疲，卻又說不出正當理由。

消極悲觀者最明顯的特質是：他們會殫精竭慮干擾積極樂觀者的心情，讓人陷入沮喪。這些人不但喜歡聽眾，也需要聽眾，所以總有源源不斷的倒楣故事可說，再豁達樂天的人也會被那些故事打動，聽得黯然神傷。有位塗鴉作家寫道：「取悅你的人或許另有所圖，這絕不是過度猜疑。」此人肯定也是個悲觀主義者。

最讓消極陰沉、缺乏鬥志的人厭惡鄙夷的對象，就是樂觀進取的成功者。雖然你以爲你能說服他們換個角度看事情，變得和你一樣達觀爽朗，但現實情況卻不然，無論你付出多少心血，都難以扭轉他們的想法，有些人偏偏就是喜歡用歪曲的觀點看世界。

如果你樂於行善，以拯救悲觀者爲己任，那你可能會白費力氣。除非讓他們接受人格移植，否則一切努力都是枉然。消極悲觀的人即使面臨失去幸福、性命不保的危險，也不改其本性。巴赫在《唯一》（*One*）這本書裡寫道：「誰都無法替不想解決問題的人化解難題。」

消極悲觀的人只要抓住機會，就會闖入你的生活，所以你必須先發制人，不讓他們有機可乘，否則他們就會說你欠他們時間、欠他們人情，甚至說你欠他們一命。

和悲觀主義者來往，會感到人生乏味、心情頹喪，若想擺脫這種感覺，就要採取行動，最好的策略是避免和這些人打交道。當你用樂觀的角度欣賞人生光明面時，也可以試著引導他們如法炮製。如果你發現身邊的某位朋友經常消耗你的精力，擾亂你的安寧，那麼最好別再與之交往，隨便想個辦法迅速脫身。遇到悲觀論者，趕緊逃之夭夭！

31 近朱者赤，近墨者黑

有些人常與失敗者為伍，以為這樣可以襯托出他們既聰明又能幹，可惜這是錯誤的想法，因為觀其友知其人，別人只要看我們跟什麼樣的人打交道，就可以判斷我們的為人。

我們和什麼樣的人來往，會影響別人對我們的印象和觀感。你一定聽過這個故事：有個醉漢醉倒在一道裡頭還躺著一隻豬的水溝，一位碰巧經過的女士見狀說：「看這傢伙跟誰混在一起，就知道他是什麼德行。」豬聽了這句話，立刻起身逃開。

交錯朋友的後果遠比被人誤解還嚴重。和周遭朋友比起來，你的作為或許還不算少，但是如果交錯朋友，成大功立大業的機會恐怕就很渺茫了。事實上，長期與一群失敗者廝混，有朝一日你也可能變成失敗者。

小時候父母一定諄諄告誡過你：不可以交壞朋友，甚至還會強調：如果你和毒品販子、銀行搶匪、職業強盜鬼混，就會惹禍上身。當年你可能不相信父母的話，現在你總算知道他們說得沒錯。

朋友的特質很重要，因爲這些特質往往也會影響我們，使我們出現類似的氣質。從另一方面來看，我們也會模仿與自己交往最密切的朋友。如果你本來是個志氣高昂、成就不凡的人，那麼一旦模仿各方面表現都比你遜色的朋友，情況很快就會改觀，你也會漸漸變得越來越像他們。

常識告訴我們，應該多親近成功、快樂的人，少接近那些老是剝奪我們的時間和體力、使我們喪失道德與鬥志的人。近朱者赤，近墨者黑。也許你認識不少成就乏善可陳的專家，但你用不著成天圍著他們打轉，也不應該經常與不益之友爲伍。如果這位朋友品行不良，一無是處，就和他斷絕來往。要是他看起來心理不太正常，最好也退避三舍。

你有權利選擇自己的朋友，除非準備成爲一名精神科大夫，否則應當多多接觸樂觀進取的人，主動與熱愛人生、想法積極的人做朋友，他們身上都有一股令人不可思議且無法抗拒的熱情與活力，使你深受感染，也能散發活力與熱情。

西班牙作家賽凡提斯（Miguel de Cervantes）說：「說出你和什麼樣的人交往，就能看出你是什麼樣的人。」如果你自甘墮落，就找一票失敗者廝混；如果你甘於平庸，就與一批平凡者爲伍；如果你想頂天立地，就和一群正在改造世界的成功者交往。

與白痴爭辯，有理說不清

許多人都是好辯之徒，唇槍舌戰是他們最喜歡的娛樂。這些愛耍嘴皮的人樂於加入任何可以搞得大家面紅耳赤的爭端，只要把你也扯進來，他們就有機會抨擊你的想法和觀念。有些人只爲辯論而辯論，一心想佔上風，辯了老半天，你才發現（通常是後知後覺）他們根本不可理喻。

人生太過短暫，不值得爲了無謂的爭論浪費時間，即使和你對陣的是朋友、親戚、配偶也一樣。捲入自己不想參加或說不過別人的辯論，也是不值得的。爲小事爭長論短，只會浪費時間精力，不如去做眞正有用的事。

每當你和親戚朋友在口頭上交鋒，就先自問：雙方爭執的下場是什麼？有什麼好處？要是你非表示意見不可，就點到爲止。不論你多麼擅長引經據典，講得頭頭是道，還是可能改變不了大多數人的想法。

當你們爭論的話題涉及對方的健康或經濟狀況，而且你確定自己的看法絲毫無誤，對方則是錯得離譜時，那該怎麼辦？某些人的反應是，你越想左右他們的想法，他們越是努力擋駕。和不講道理的人唱反調，等於是在替對方火上加油，所以寧可不理會他們。通常最好是讓他們自己去發現錯誤，這樣他們學到教訓的速度會比較快，誠如畢林斯所說：「要讓蠢蛋認錯，最好是讓他自己找錯。」

和親人、朋友、配偶鬥嘴固然浪費時間，但是如果想跟好辯之徒大開舌戰，也要嚴肅地問問自己是否神智清楚。有些人純粹是爲反對而反對，把唱反調當作個人的嗜好和目標，不論你有什麼觀點，他們都要加以抨擊。這些人還會處心積慮設法引起爭端，不管你站在哪一邊，他們都要提出反面意見。

如果雙方抱著南轅北轍的人生觀，那麼情況就更糟了。你越是戳他們漏洞，揭他們瘡疤，他們越是不可理喻。不管你舉出多少事實支持你的立場，他們還是充耳不聞，根本不把事實、邏輯擺在眼裡。好辯之徒喜歡卯足全力鼓吹沒有用處的思想，支持漏洞百出的推論，藐視條理清晰的觀點。無論你提出多少確鑿的證據，他們永遠堅持自己的論調。

一旦捲入荒唐無稽的辯論，最好立即抽身。也許你會禁不住誘惑，想要奮力迎戰，甚至暴跳如雷，但請不要上當，接受別人的挑釁，等於是任人宰割。擺脫好辯之徒最有效的方法，就是置之不理，保持冷靜的頭腦和愉快的心情。總而言之，避開老是激怒你的傢伙，才是上上之策。

當你忍不住想和某個不可理喻之徒好好理論一番之前，先問自己一個問題：何必與白痴一般見識？而且最好記住「墨非定理」提到的第一條辯論守則：「不跟傻瓜爭辯——別人可能看不出你們的差別。」換句話說，與白痴辯論，雙方都是瘋子。

33 不刻意出風頭，更能給人好印象

英國作家詹森（Samuel Johnson）說：「大多數人都把某些時間浪費在賣弄自己沒有的特質上。」不少人因爲渴望討人歡心，常在人前裝模作樣，甚至利用華服、美車、巨宅、時髦、成就、職權，或在言談之間高攀名流顯要來吸引別人。

我們是群居的動物，誰都希望受人喜愛與尊重。若想結交正直善良的朋友，矯揉造作反而不得人緣。好出風頭或喜愛表現的人，無法在品格高尚者心中留下好印象。諷刺的是，要讓這些人刮目相看，最好的方式卻是不嘗試引人注意。有品德的人只欣賞充滿自信、不需要尋求認可的朋友。

讓別人知道自己的成就雖不是壞事，但是若想依靠吹噓或炫耀個人成就的方式證明自己的能力，卻要消耗許多精力。那些寧願關起門來創造生財與創業機會的工作伙伴一旦看出你處心積慮想引起他們注意，都不會對你產生好感。如果你常自吹自擂，家人朋友也會開始逃避你。

想藉美貌、財富、權勢吸引人，效果是有限的。在別人面前隱藏眞我，等於是向對方推銷僞造商品證書，你必須自問：「什麼樣的人會對這些商品有興趣？」大概不是樂意和你建立良好互動關係的人，何況任何值得交往的朋友遲早都會發現你的眞面目。

試圖僞裝別人，只會給自己添麻煩，而且一言一行都會反映個人缺點。不做自己，想當別人，只能顯出自己的可悲。眞正成功掌握人生這場遊戲的人，毋須向任何人證明任何事，也不藉助開名車、住豪宅、趕時髦的方式來出風頭。

與其設法引人注意，不如做你自己。要展露眞我，不要模仿別人的行爲或外表，以免遇到挫折與尷尬。莎士比亞說：「忠於自我，勝於一切。」這樣自然就能得到尊重。

向別人坦露眞我，可以充分發揮個人特質。在初識他人之際，先不要急於表現。渴望得到最多的尊重與愛護，實際得到的尊重與愛護反而最少。想要獲得別人的敬重與好感，祕訣在於學習放鬆心情、喜歡自己、保持自我。品格高尚的朋友都會以你支持、奮鬥、努力的目標來判斷你的人格。

你想讓世人另眼相看嗎？那就付出時間改造世界，才會讓大家留下深刻印象。只要不斷完成有創意的計畫，就能長期令人矚目。弔詭的是，不刻意出風頭、求名聲，擄獲人心的機會反而更高。你在別人心中佔有多少分量，與你展露多少眞我成正比，與你出過多少風頭則成反比。

34 親切不一定是好人，好人也不一定親切

很多人以爲，親切就是善良。待人親切雖然是人際互動的一種技巧，但是絕不代表心地善良。許多表面親切的人都被誤認爲心地仁慈，骨子裡卻欠缺高尚的品德。反過來說，不少道地的好人卻因爲言行舉止不夠親切，而被誤以爲品格有缺陷。

有時候，好人與壞人很難分辨。例如筆者有位朋友對待好友或熟人不是特別友善，他總是直來直往，有時還會因爲想到什麼就說什麼而得罪別人，不過他對乞丐或窮人卻是非常慷慨，有別於那些外表親切，遇到慈善機構或乞丐卻一毛不拔的人。

我們多半很難接受親切不一定是好人，好人也不一定親切的事實。大家都希望別人和藹可親，因爲這比面對率直、莽撞、暴躁的人要容易得多。有些人之所以戴上親切的假面具，也是因爲希望別人善待他們。精神大夫和心理醫師一致同意，表面親切的人內心往往潛伏、壓抑著相當多的憤怒。

我們應當小心提防面貌和善的人，他們固然能靠個人魅力掩人耳目，但是經過一段時日以後，就會原形畢露了。有些人爲了利用我們，會以隨和的態度轉移我們的注意

力，並試圖指揮或慫恿我們從事齷齪的勾當。處心積慮想要詐取別人財物的傢伙，肯定會擺出好人形象。率然以貌取人的結果，是要面對醜陋的事實。

最極端的例子就是發現心目中的好人竟然是搶劫老人、強暴婦女、謀殺親人的惡棍。你常在人家描述某個毆打或殺害別人的嫌犯時，聽到「他看起來很善良啊」這句話，親切不一定代表善良，許多人會爲了親近別人、受人歡迎而隱藏自己的感受。這些感受隱藏越久，爆發起來也就愈加不可收拾，有時不僅造成口角，還會導致暴力和兇殺。

人本心理學之父馬斯洛（Abraham Maslow）曾經做過一項與自我實現有關的研究，結果發現，心理發展程度邁入最高層次的人態度不一定特別友善，追求自我實現的人也不見得心平氣和，反而經常大發雷霆。他們會在必要之時，對別人提出建設性的批評。由於他們不虛僞，不造作，因此不一定永遠和藹可親。這些人通常不太能夠忍受別人的缺點，但是遇到不誠懇、不老實、不聰明的人，反而會從大處著眼，不計小人過。

如果你想結交品德高尚、願意支持你改變環境的朋友，就不要因爲他們不常表現和顏悅色的態度，而不理會他們。心地善良的人也會不安與動怒，甚至對人生感到灰心。他們偶爾也會因爲無法忍受謊言、欺騙、魯莽或僞善而出現憤怒、焦躁、憎惡等情緒，你必須包容他們。總而言之，他們擁有誠實、純眞、剛正、善良、睿智、體貼等優點，你會發現自己交到一群人品崇高的朋友。

35 世人皆自私，包括你和我

許多人都認爲自己不如一般人那麼自私，這看法當然沒什麼道理。現實情況是，假設自私可用數字來衡量，那麼天底下比較自私和比較無私的人大約各佔一半。不過，計算這些數字沒什麼意思，因爲世人皆自私，包括你和我。

有些人或許不太能夠接受他們也和別人一樣自私的想法，我們都認爲全世界的人只有兩種極端：無私者與自私者，而且都希望旁人認爲我們屬於比較不自私的那一端，有些人還希望其他人不要那麼自私（這也是出於自私心理）。

你是否注意過，別人之所以罵你自私，並非因爲你追求個人利益，而是因爲你忽略他們希望從你手上得到的東西？問題是，當他們爲了取得那樣東西罵你自私的時候，動機是什麼？當然是滿足他們的私心。他們巴不得你能討好他們，則是出於某種虛僞或矛盾的心理，誠如法國小說家大仲馬所言：「我們只會責怪別人犯了讓我們得不著好處的過錯。」

我們願意爲別人效勞，純粹是受到自私心理的驅使。一位古人給「利他主義」下了個高明的定義：「爲了利己而做利人之事的藝術。」所以我們行善助人都是以私利爲出發點，例如我之所以捐款給慈善機構和食物救濟站，便是基於自私而非無私的心理，因爲我希望世界運作得更好，況且幫助別人也能讓我得到快樂。我的動機是想利用犧牲一些金錢的方式，使外在環境得到長期改善，慷慨解囊爲的還是自己。

了解自私與無私的定義，才能對許多事物產生正確的看法。無私的一般定義是：「具備或流露不關心自己的動機。」依此定義來看，普天之下所有心智健全者沒有一個不自私。不關心自己，是罹患嚴重心理疾病或過度壓抑自我的徵兆。我們如果不自私，就不會那麼想買房子、買汽車、買衣服了，而且會說：「世界上一定有千千萬萬人比我更需要這些東西，既然我這麼關心別人，不在乎自己，最好還是把這些東西留給別人吧。」

辭典上是這麼解釋「自私」的：「最關心自己或只關心自己。」這定義可涵蓋世界上每個心智健全的人。畢生爲窮人鞠躬盡瘁的諾貝爾和平獎得主德蕾莎修女，以及長期爲黑人爭取權益的南非前總統曼德拉也都和你我一樣自私。我們多多少少都最關心自己，爲別人行善，也等於是替自己做好事，至於服務他人的動機，則可能是逃避罪惡感、使自己快樂、討別人喜歡，也可能是改善生活環境，或希望死後進天堂。

自私無所謂好壞，因此你大可以坦然接受自私心態，只要確定你是合理而非無理的自私即可。抱著「世界屬於我，我只顧自己」的處世態度，以至於大多數人對你避之唯恐不及，就是無理的自私。反過來說，如果自私得有理，還是可以表現仁慈、溫柔、同情、體貼的一面。助人爲快樂之本，樂善好施，就能得到幸福，不但自己快樂，品格高尚的人也會願意做你的朋友，世界也將邁入更美好的境界。

36 不守信者，敬而遠之

下面是一則發人深省的小寓言。蠍子對友善的青蛙說：「你背我到池塘對岸好不好？我不會游泳，你幫我這個忙，我會感激不盡的。」青蛙回答：「休想，我很清楚蠍子的爲人。以前你答應過不螫我，沒想到你還是螫了，害我差點送命。這回搞不好你又在半路螫我，那我就沒辦法游上岸了，我可不想淹死。」

蠍子應道：「別傻了，如果我趴在你背上，就只能靠你游過池塘，要是我螫你，自己也會淹死呀，我幹嘛做這種事？」青蛙起了惻隱之心：「我想你說得對，跳上來吧。」於是牠們出發了。到了池塘中央，蠍子狠狠螫了青蛙一下，牠們便開始一塊兒往下沉。青蛙對蠍子說：「你又食言了？現在我們倆都死定了。」蠍子的答覆正如許多人的反應：「我忍不住嘛，我天生就這樣啊。」

這故事的寓意是：如果某人曾經對你失信，那麼他再對你食言的機率將高達百分之九十五。這是個不容易記取的教訓，許多人終其一生都在重複學習，當我們質問別人爲何說話不算話時，他們可能也會說：「我忍不住嘛，我天生就這樣啊。」

出爾反爾，不遵守商場約定或社交承諾的人，以後還會一犯再犯。前文提過，江山易改，本性難移，有些人即使為了違約道歉，答應絕不再犯，還是可能故態復萌，所以你得想出最佳因應之道，以便對付不守信用的人。

順便告訴讀者，前面說的那百分之九十五食言機率，是發生在對方主動道歉的情況下。如果是你要求別人道歉，他們再次食言的機率就會變成百分之九十九了。要是對方毫無歉意，機率也一樣，因為以威脅方式要求道歉（例如揚言對方若不道歉，就終止雙方友誼或生意關係），形同某種形式的勒索。對方或許心懷歉意，只是沒有明講。在別人要脅之下說抱歉，不是誠懇的道歉。

我個人總是避免和經常爽約的人打交道，以免發生口角與衝突。每當有人缺席某項會議，我便不再與之聯絡。要是他們來電致歉，而且理由充分，我就再給他們一次機會，下不為例。這是我一直奉行的原則，絕無例外，也因此交到幾位重然諾的君子朋友。

假設別人從未失信於你，閣下還是得提防對方在其他情況之下爽約。無論雙方的商業交易或社交約定多麼誘人、多麼有利，最好把你的興趣集中在別處，否則你會痛苦地發現對方違約絕非意外。事實上，如果相處的時間夠久，你很可能發現對方背信的情況有增無減。

37 行善未必要求回報

一名消防人員在酒吧裡向朋友這麼感嘆自己的命運：「有一天，我幫一戶人家滅火，救了屋裡兩條狗，你以爲有誰記得這件事？還有一次，我跟同事爲了搶救一座老教堂，吸進大量濃煙，事後也沒人提過這回事。我還冒著生命危險衝進一棟失火住宅，救出兩個小孩，誰又記得這檔事？當然沒半個人。可是，有一回別人看到我對著市長他家那隻亂叫個不停的狗兒又罵又踢，就……。」

這故事的寓意是：善行常被遺忘，惡行總被記得。當然，理想的情況應該是反過來，可惜世上沒有這等好事，現實與理想是有差距的。所以當你幫了別人一個大忙，請務必面對現實，如果指望別人將來會因此好好報答你，就是欺騙自己，換來的結果可能是大失所望，心灰意冷。

有時候，善行不一定會被遺忘。一位智者說：「如果你幫助落難的朋友，他一定會在下次落難時記得你。」這樣的付出得不到任何回報。過度慷慨的結果是，有些人會認爲你的善行是他們理應享受的權利，不是他們應當感激的恩澤。

當別人忘記你給他們的恩惠多過他們給你的好處時，是否應該終止雙方的友誼？記住：再好的朋友也會犯錯。道格拉斯（Norman Douglas）曾提出這樣的忠告：「要找一個朋友，得閉上一隻眼睛，想留住這位朋友……雙眼都得闔上。」有了朋友，生活才有意義，但你必須衡量自己是否能由朋友那兒得到其他方面的回報。

從你身上獲得某些恩惠的人，可能不了解他們有多幸運。若想知道你對朋友是否有幫助，最好的試探方法就是設身處地，假設自己是對方。想想看：朋友願意爲你做任何犧牲嗎？如果答案是否定的，就把他們的要求置諸腦後。應付這種朋友的訣竅，是學會常對他們說「不」，而且要說得迅速果決。如果對方纏著你不放，也不要捲入口水戰，只要再說一聲「不」就夠了。

這麼說並不表示你不應該幫助那些忘掉恩惠的人。孔子說：「爲善不欲人知。」所以奉勸你把所有時間精力集中在自己身上，如果老是在意別人很少知恩圖報，心裡會很痛苦。好事當然還是要做，但不要指望接受恩惠的人一輩子記得這件事。應該相信一個原則：爲善之人會在最不期望獲得回報的情況下得到許多報償。

總而言之，無論做了多麼偉大的善事，都不要奢望受惠者向你道謝之後還會心存感激，但這並表示說能夠長期牢記恩惠的人有如鳳毛麟角，別人記得你的恩惠當然是件好事，但最好還是以行善爲樂。

38 與其討好大家，不如做好自己

德國哲學家叔本華指出，模仿別人，會使我們喪失大部分自我，而我們之所以這麼做，原因之一是想討好每個人。渴望得到尊重與認可，本是人之天性，所以問題並不在於希望獲得某些朋友的尊重與認可，而是企圖討好周遭每個人。

美國記者史沃普（Herbert Bayard Swope）說：「我沒辦法告訴你成功的法則，卻能告訴你失敗的信條，那就是企圖討好大家。」許多人寧可浪費大量時間精力去討好別人，卻不關心自己的期望、計畫和夢想。奉勸讀者避免變成其中一份子，掌聲、恭維、讚美都是額外的獎賞，不是生活的必需品。

你不可能獲得每個人的喜愛與贊同，有自信的人都具備一項重要特質：願意接受反面或否決意見。得不到某些人的欣賞，是在所難免的，不論你的人緣有多好，別人偶爾還是不會同意你的想法。你不可能時時刻刻討好所有人或某個人，有些人卻無時無刻不在反對你。

遇到一、兩個敵人是很正常的事。馬斯洛發現，心理健全的人在做自己認爲該做的事情時，並不在乎樹立敵人。他們了解，無論自己多麼才華出眾、努力嘗試，都不可能贏得每個人的賞識。渴望受到大家喜愛，也是一種貪婪心理，懂得自我實現的人都不是貪婪之人。

若想成功立業，就不要浪費寶貴的光陰追求身邊每個人的贊許。你不可能八面玲瓏地討好所有人，所以不要嘗試變成別人心目中的模樣。如果老是企圖討好別人，會感到焦慮、恐懼、做作，天底下再沒有比滿足別人的期望更辛苦的事。長此以往，身心健康都會受損。

所謂成功，就是做自己該做的事。畢卡索說：「我母親告訴我：『如果你想當軍人，就立志做大將，如果你想當神父，就立志做教皇。』但我卻成爲一名畫家，而且還是畢卡索。」記住：要永遠做你自己，精益求精最重要。

如果你總是想討好每個人，就應當檢討自己的動機，好好面對渴望充當好人的僕役心態。企圖討好大家的結果，可能是得不到任何人欣賞。在人生的旅途中，每個人難免招來許多非議，而這也是保持生存活力和特立獨行所要付出的代價。

只要相信自己做了該做的事，就會覺得別人的批評無足輕重，而且絲毫不受影響。在追求更高的人生目標時，必須決定哪些事情是你看重的。一旦克服了企圖討好大家的心態，便能產生奇妙的滿足感。

39 避免麻煩容易，擺脫麻煩困難

回想一下過去這些年來你碰過哪些麻煩，你是否覺得，事先避免捲入那些局面，會比事後設法擺脫來得容易？這道理適用於金錢義務、人際關係、交通違規、法律訴訟、口頭爭執、肢體衝突、健康問題，以及其他可以事先防範的各種困擾。避免麻煩永遠比擺脫麻煩輕鬆，關鍵就在控制可能惹上麻煩的行爲。

我們總是習慣先反應後思考，當我們把某件事看得很嚴重，卻沒發現那件事根本不足掛齒，就會給自己惹麻煩。遇到這類情況，應當平心靜氣地面對。保持客觀態度，並與其他當事人一起了解實際狀況，才能以正確的觀點善後。當朋友遇到類似情況時，你會提供什麼樣的忠告？大概是老生常談地規勸他們多一事不如少一事吧。

禍從口出。有位智者一針見血地說道：「大多數人都知道如何保持沉默，只有少數人知道該在何時閉嘴。」控制個人行爲，避免惹禍上身，才是明智之舉。遇到敏感話題，最好三緘其口。不論自己多麼想發表意見，有時最好還是把那些意見藏在心底。套句馬克吐溫的話，好好管住自己的嘴，一個字也別說。

以承認代替抗議，有助於避免紛爭。舉例來說，當別人罵你混蛋時，乾脆承認他說得對，只要你提出抗議，就會爲了你是不是混蛋這回事辯個沒完沒了，倒不如說：「沒錯，我是混蛋，因爲跟無理取鬧的人在一起，我就想當混蛋，這件事由我負全責。」這樣雙方就吵不起來了，你也可以高高興興地走人。最妙的是，這反應還會把對方搞得一頭霧水。

有時候，你會忍不住想靠打架來擺平某個問題。如果眞這麼做，將來一定後悔，因爲可能得到三種結局：第一是你被狠揍一頓，這可不是你該奮力爭取的下場。其次是你幸運地擊敗對手，但是除非你能從中得到變態式的快感，否則不會產生任何滿足。第三種結果當然是兩敗俱傷。

浪費時間和體力與別人發生肢體衝突很不値得，何況還有受傷的危險。要避免這類衝突，就要克制自己的行爲，以免刺激別人做出傷害你的舉動。除非個人生命遭受威脅，否則應當極力避免肢體對立。聰明人都知道，意志堅強的人不會隨意攻擊別人，擁有自信的人也不必向任何人證明自己很優越。

若想與人交手，就要三思而行。在加入肢體衝突以前，先記住一個原則：若無勝算可能，就不應該打鬥，事先預防勝過事後解決。很多人都是爲了芝麻綠豆小事爆發大量肢體衝突，當你遇到勁敵時，不妨向筆者看齊：至少離對方一公尺遠。

40 不必太在意某些人的言行

你會在意別人的言行嗎？大多數人的答案想必是肯定的。有時候，我們常對別人的某些行徑產生過度反應，以爲對方故意刁難我們，而將此事記掛在心，但是他們通常並不是特別衝著我們這麼做的。

雖然我們很容易看不開許多事情，但是無論是遇到沒被邀請參加某項重要活動、被交通阻塞得動彈不得，或餐廳服務態度不好等情況，都不要以爲別人是在侵犯你、藐視你，因爲他們也會如此對待別人。計較小事，既花時間又傷體力，不如利用那些時間體力完成更有意義的事。

這是個冷漠疏離、自私自利、粗野無禮的世界，別人都只顧自己，不太在乎我們。他們不顧他人的心態，正和我們期望別人多尊重我們一些的心理如出一轍，都是以自我爲中心。對不懂得尊重、體恤你的人生氣，是沒有意義的。

當一個從來不回電話給別人的傢伙沒回你電話時，何必跟他嘔氣？他們不照你的規矩行事，也許是因爲他們認爲自己的規矩才是對的，所以你沒必要浪費寶貴的時間對不知體恤或不明事理的人動怒，有自信的人不需要獲得別人的尊重或認可。

不把別人的想法或言行當作一種侮辱，就能克服挫折感，只要提醒自己：「我早就料到她會這麼做，因爲她對別人也一樣。這件事跟我無關，就算是衝著我來的，我也不需要她的尊重和認可。」這麼想便能消除沮喪與失望，不會因爲期望得到比較合理的待遇而自尋煩惱。

重要的是，千萬別被不知尊重、體恤別人的傢伙牽著鼻子走，否則只會浪費時間和精力，換來一堆挫折，所以別讓自己情緒失控，在乎某些人的言行徒然消耗力氣，無法反映個人的品德或作爲。即使你是聖人，也阻止不了那些人的行爲。

下回如果有人阻礙你的交通，請不要認爲對方故意找碴，那痞子說不定在十分鐘前已經擋了另外五個人的路，十分鐘後還會再堵住另外五個人，這些人的成就和名氣說不定都比你大。那痞子並沒有歧視閣下，偏袒別人。

小心眼是人類常有的毛病，而且常對別人產生過高的期望。當我們在意某些人的言行時，他們其實並沒有冒犯或傷害我們，而是我們自尋煩惱。人非聖賢，孰能無過，這是我們必須接受的事實。人人都有許多缺點，因此才會產生各種魯莽粗鄙的行爲，但你應當學會置之不理，了解他們也會如此對待別人。

41 越重要的差事，越難假手於人

無論喜歡也好，不喜歡也罷，你都會發現，別人願意替你完成的重要差事寥寥可數。有時候，我們會很渴望有人願意代我們捉刀，完成某些重責大任，藉由別人的付出，讓自己坐享其成，可惜現實往往無法如願以償。讀者一定注意過，越重要的差事，越難假手於人。如果那是件大事，能夠請人代勞的機率就幾近於零了。

生活沒有目標的人都情願把某些重要差事交付給別人，千萬別向他們看齊。運用個人的影響力去唆使別人為你效勞，是給自己找麻煩。若是養成凡事依賴他人的習慣，萬一哪天他們不在身邊協助你，就會出現大紕漏了。深諳助人之道的人都明白，堅持讓自己完成目標才是上策。

依賴別人，會給自己帶來挫折與失望。別人也許會在某些情況之下幫你做決定，問題是，那些決定可能是錯的。所以你得保護自己的權益，在需要完成重要工作時，絕不假手於人，萬一這件工作沒做好，就由自己承擔責任。

一位智者說：「生存與否，操之在我。」有耕耘才有收穫，如果你想改善經濟狀況，就得自己完成目標。要是你認為別人剝奪了你的利益，也得自己設法把它們要回來。

自立自強，才能成大事，最好打從開始就不要指望別人來幫忙，親戚朋友也有他們該做的事。大多數人連自己手邊的要事都懶得完成，哪有可能替你代勞？所以不要指望坐享其成，不勞而獲。自己掌控一切，不必求助於人。

一味依賴他人為你製造快樂，只會讓你對人生感到極度失望。如果寄望凡事都由別人代勞，你會不斷遭遇失敗。千萬不要一方面指望別人替你改變現狀，一方面又抱怨他們做得不好，這樣誰也不願替你跨刀。一位智者的見解言之有理：「如果你不願意改變現狀，就沒權利批評現狀。」

這是你的人生，你（也只有你）才能夠改變現狀。生活品質固然取決於許多條件，但百分之九十五決定在你。事實上，生活品質是好是壞，要看你付出多少心血而定。不要等著別人來替你改善生活，現實生活與理想生活之間的差距越大，需要自己動手改變的機會也就越高。

42 態度消極，將錯失許多好運

外在態度可以反映內在想法，消極的想法會招來負面的結果，積極的想法則會以快樂收場。俗話說：「相隨心轉。」生活品質取決於生活態度，擁有消極的態度，將錯失許多福分。

消極的態度有很多形式。舉個例子說，如果你認為大多數開車者都不是好司機，那麼無論走到大街小巷，都會覺得前面和後面的司機很差勁，世界上壞司機比好司機多，每個在你前方左轉的傢伙都是渾球，每輛跟在你後頭的車子都離你太近。若是換個態度，不管走到哪兒，都會遇到一群好司機。

別讓自己變成宿命的悲觀者。抱著錯誤的期望和消極的態度處理事情，許多事情都很可能無法照著你的意思完成。採取消極態度，會覺得大多數工作都是負擔，以至於無法完成某些部分，即使完成了，也不會覺得過程愉快，所費時間也比預期中長。抱著積極的態度完成工作，則會覺得那是一段愉快的經驗，花費的時間也可能減少。

態度消極，會使某些本來不太悲觀的情況看起來糟透了。你越擔心某件事，越有可能在情況轉好之後繼續操心。抱著煩惱、怨懟的心情處理事情，永遠看不到所有機會。用悲觀的角度面對一件好事，心情也會迅速惡化。

消極的態度不但讓人看不清現實，也看不見美好的事物與機會。只要摒棄悲觀的想法，就能豁然開朗，突破障礙。試著面帶微笑度過一整天，看看結果如何，你將發現別人對你更友善，回應也更多。要從別人身上得到你要的東西，不須擺出倔傲、挑釁的態度，溫和地說服效果更大。

消極態度不是好習慣，你只會注意各種壞消息，錯過所有迎面而來的好運道。凡事只往壞處想，說不定就會遇到一堆壞事，凡事都往好處看，則可能碰到許多好事。假設不管你多麼努力嘗試，還是無法擺脫消極態度，那麼無論你走到哪兒，總有壞事會上門。

從事房地產業的人都知道，黃金地段必備三項條件：地點、地點、地點。要享受充實的人生，也有三大必備條件：態度、態度、態度。態度消極，即使處於最安逸的狀態，也會深以爲苦；態度積極，就算面對最困頓的環境，也會甘之如飴。外在環境不會改變，然而只要改變自己的心境，人生將會發生顯著的變化。

43 觀念能主宰生活，也能破壞生活

你最後一次質疑自己的觀念，是在什麼時候？讓我在此引述伯季斯（Gelet Burgess）的一句話：「如果最近幾年你沒有放棄某些舊觀念，或接受某些新觀念，那就量量你的脈搏，說不定你已經死了。」水能載舟，也能覆舟，觀念也是如此，它們既能主宰生活，也能破壞生活，還會長期依附在你身上，變成你一輩子的包袱。

不質疑個人觀念的結果，可能是接受了許多社會流傳的錯誤觀念，例如你相信在黑暗或光線不好的地方看書會傷害眼睛嗎？答案是：目前並沒有任何科學證據支持這論點。美國眼科醫師學會也聲明：「在微弱的光線之下閱讀並不會傷害眼睛，就像在微弱的光線之下拍照不會損壞相機一樣。」

你相信吃過大餐以後立刻游泳很危險嗎？這說法也找不到任何支持證據。紅十字會曾在五十年前出版一本小冊警告大家：飯後游泳很危險，但是今天紅十字會的健康手冊卻推翻了早期的說法。以上兩個例子恰可映證畢林斯的觀點：「大多數人最大的困擾不在於無知，而在於知道得太多。」

我們都會信守某些聽來十分合理的觀念，然而這些觀念不一定正確。許多古人視為合理的想法，在今人眼裡卻不合道理。歷史上也出現過不少前人深信不移，後人證明無稽的觀念，例如幾乎所有人類都一度認為地球是扁平的。依此類推，許多現代人認為合理的事情，說不定也會被一千五百年或五千年後的人類視為荒誕不經。

鑽研人類思考方式的現代哲學家與研究人員都表示，要解開人類思考方式之謎，還有一段長路要走，因為眾所周知，人類的思考能力或許不如我們想像中那麼進步，幾百年後的人類說不定會認為現代人大部分的觀念與推理方式都不合邏輯，美國歷史學家羅賓森（James Harvey Robinson）說：「現代人所謂的推理，多半是為了繼續相信固有的觀念在尋找論據。」

定期檢討自己的觀念，是明智之舉。當你向某個有害或過時的觀念提出挑戰，就表示你想破除那觀念了。某些觀念（例如以為中了樂透大獎，就能大幅改善生活）形同害人的疾病，我們的想法也會欺騙我們，讓我們產生幻覺，而想像中的情景總是比現實情況來得美好，柏拉圖說過：「幻想中的事物似乎都能產生一股神奇的魔力。」

世上有太多人對人生抱著悲觀的想法，這與他們缺乏活力、無法滿足有直接的關係。他們活得不愉快，是因為他們食古不化，堅持錯誤的觀念。有位智者說：「重複做同樣的事，卻期望得到不同的結果，就叫做發瘋。」

相信某些觀念，固然無可厚非，但是永遠守著過時的觀念不放，就是不智了。除非不斷向個人觀念提出挑戰，否則不會警覺自己的觀念已經不合時宜，或沒有用處了。僵化的觀念會損害身心健康，所以要像面對健康問題那樣消除病因。換句話說，就是要爲自己的觀念把脈，揚棄不健康的想法。

44 不要輕信專家預言，學習自己掌握未來

在質疑個人觀念的同時，不妨也對你所信任的專家提出質疑。我們很容易對擁有豐富資歷和頭銜的人產生敬畏，除非以平常心看待這些專家，否則就會屈服於他們的權威。過度信任專家是件危險的事。

我從個人經驗得知，有些人會仗著他們在某個行業待了很久，具備豐富的相關知識，而想藉此引人注意，所以要小心提防他們。在某個特殊行業擁有二十五年資歷，並且爲此吹捧自己懂的事情比別人多的傢伙，通常可沒那麼有學問。應付這種人最好的方法，就是不理會他們，不聽「專家」之言，自己去發掘哪些事情可行與不可行。

研究人員指出，在某個領域學有專精的人都患有「專家病」，他們的知識、經驗和學歷往往成爲他們的負擔，由於擁有僵化的觀念及頑固的思考模式，日積月累之後，他們會變得更僵化、更頑固，以至於阻礙了他們的創造力。資歷最豐富的人，往往也是最缺乏創新能力的人。

許多專家都不喜歡支持別人嘗試創新，只曉得冠冕堂皇地舉證爲什麼某項創新不可

行，而且擅長提出有力的論據來說服大家。問題是，他們根本不去思考那項創新爲什麼可行，而是自大地不肯相信經驗和學識都不如他們的人，竟會想出比他們還棒的方法或點子。

專家經常根據豐富的知識、學歷、經驗提出無數預言，然而大家都知道，占星家不需要運用各種複雜的資料、理論、公式，就能預卜未來，而且準確度更高。所以最好不要輕信專家預言，尤其是對未來的預測。應當先觀察社會趨勢，再自己下判斷。

假設你和某些「專家」討論過你的新點子，他們都表示「行不通」，這時你該作何反應？乾脆自己去發掘那點子可不可行。許多知識、經驗、學歷有限的人都曾經證明專家也會出錯。美國科幻小說家海萊因（Robert Heinlein）提出了這樣的忠告：「先聽聽專家意見，他們會告訴你什麼事行不通、爲什麼行不通，接著就放手去做！」

事後也許你會意外發現，那些所謂的專家根本不知道自己在胡扯些什麼。所以不要因爲專家認爲你的點子不可行，就輕言放棄。他們大概以爲你不知道自己在說什麼，但通常不知所云的人卻是他們。如果你知道哪些專家得了「專家病」，反而對你很有利。當那些專家告訴你別做新奇、大膽的嘗試時，要學會置之不理，將來再讓他們躲在你的背後納悶：學歷、經驗、知識都不如他們的你是怎麼辦到的？

千萬不要屈服於專家的權威，無論他們擁有多麼顯赫的條件，讓他們替你做任何重大決定，都是愚不可及的事。理財專家、銀行家、醫生、房地產仲介商固然個個精通自己的本行，但是他們哪裡知道你的目標、期望和抱負是什麼？

45 智者常向愚夫求教，愚夫鮮向智者請益

不久以前，我收到一份某跨國人力資源基金會的宣傳小冊，封面上寫著：「做個萬事通！祕訣在這裡。」小冊的內頁補充說道：「加入本會，就知道做萬事通有多容易。」這兩句話讓我想到一件事：不知這些專業人士是否想過無知的好處？誰都不可能了解任何行業的所有知識，但是認爲自己什麼都懂的人倒是不少。

有智慧的人絕對不會大言不慚地聲稱自己無所不知，古代羅馬大將軍凱托（Cato）說：「智者常向愚夫求教，愚夫鮮向智者請益。」智者能從天分及學識遠比自己遜色的人身上擷取點點滴滴的智慧，他們與知識分子不同之處在於：他們了解不管自己懂得多少事情，人生永遠有更多值得學習的知識。

要爲自己創造更多增進新知的機會，不要假裝自己什麼都懂，也不要目空一切，拒絕向才智與學識都比不上你的人學習，最好先拋棄個人成見。如果不問青紅皀白便否決你不欣賞的人提出的構想，說不定會讓某個妙點子白白溜走，而且你對那人的看法也可能是錯的。建議你每個月邀請一個對你的職業所知不多的人共進午餐，他們說不定可以

提供你一些不錯的新構想。

無論你在自己的本行擁有多少服務年資和專業知識，永遠還是可以學到新東西。有時候，好的構想或資訊可能來自你最意想不到的人，例如從事其他行業者，他們也許是清潔人員、無業遊民，或西伯利亞養豬戶。

保持沉默是增進新知的方法之一，花些功夫認眞、主動地傾聽別人的想法。如果老是因爲欣賞自己的意見而滔滔不絕，學到的東西就很有限了。一位睿智的老教授說得有理：「光動嘴巴，什麼也學不到。」聽聽別人（包括傻子）的意見，可以改變思考方向，產生更新、更好的構想。

試著向有智慧的人看齊。要判斷哪些人具有智慧並非難事，因爲他們都很謙虛，願意立即承認他們並不是什麼都懂，任何人都可以教他們一些東西。他們能夠仔細傾聽旁人的意見，絕不狂妄自大，在聆聽別人的想法時，也不會產生偏見、責難或批評，而是理所當然地認爲自己能從餐廳服務生、計程車司機、旅館門房、鄉下農夫身上學到許多知識。

承認自己學問有限，不是缺點而是優點。西方最著名、最有智慧的哲學家蘇格拉底說：「我承認自己無知。」最偉大的智慧大概就是承認自己無知，但是也要記住：求取智慧是個旅程，不是終點。

46 小心看待偶像，不要盲目推捧

美國作家費茲傑羅（F. Scott Fitzgerald）說：「帶我去見一位英雄，我就寫一部悲劇給你看。」這部悲劇應該也把世界上的英雄崇拜者都寫進去。欣賞某些著名運動員和其他名人的成就，不能帶給自己成就感。崇拜現代偶像，甚至還會破壞心理的健康與平衡。

我們對自己的生活感到不滿，是因爲過度相信別人（尤其是富豪名流）都很幸福，然而名利雙收的人也跟我們一樣擁有許多個人問題。名歌星芭芭拉史翠珊就說過：「噢，上帝，請別羨慕我，我有我的痛苦。」多麼誠實的話呀！有些偶像人物的處境確實比普羅大眾糟糕許多。

了解這點，就要小心看待心中偶像，別把他們捧得太高，誰都不應該高高在上。雖然英雄也是人，但是社會大眾卻普遍認爲英雄比一般人崇高偉大。許多體壇大將、電影明星、著名歌手及政治人物常在成名一段時間之後，出現讓崇拜者跌破眼鏡的行爲舉止，有些大眾偶像甚至還會暴露嚴重的品格缺陷。

從某個角度來看，推崇運動界及流行文化界的偶像——例如美國職業籃球明星喬登、冰上曲棍球好手葛雷茨基（Wayne Gretzky）、網球名將山普拉斯、脫口秀主持人溫芙蕾（Oprah Winfrey）、喜劇影集主角沈菲德（Jerry Seinfield）、電視名嘴賴德曼（David Letterman）、滾石合唱團主唱賈格（Mick Jagger）、流行歌后狄翁——是很健康的，這些人都具有很高的創造力和成就動機，然而消耗太多時間欣賞談論成名偶像，會剝奪完成重要工作的時間與精力。

有些人主張，運動名將和電影明星並不是眞正的英雄，他們被視爲英雄，是因爲在媒體中大量曝光。這就產生了一個問題：眞正的英雄應當具備哪些條件？匈牙利革命領袖柯蘇斯（Lajos Kossuth）說：「今日媒體創造出來的假英雄都沒有經歷過大苦難，眞正的英雄是克服重重險阻、對世界有重大貢獻的人。」

世界上眞正的英雄很少被媒體談論，例如，騎著一輛破腳踏車穿梭於曼谷街頭，幫助沒錢就醫的貧窮病患的麥克希爾神父（Father Bob McCahill），許多在世界各地救濟流浪漢的義工也有很大的貢獻，可惜我們甚少在媒體上聽到或讀到他們的事蹟，他們比那些恃寵而驕的運動明星更適合擔任青年與成人的楷模。

即使是成就斐然、溫文儒雅的英雄，也不應該被當作偶像崇拜。把他們當成仿效對象，固然具有啓發性和建設性，卻不宜過度崇拜，他們也有自己的煩惱和問題。任何人都不應該過度膨脹自我，眞正擁有自信的人雖然懂得欣賞別人的成就，卻不認爲有天分、有成就的人一定比他們優越。

名氣和成就並非唾手可得。成功是個相對的概念，不要拿自己的本領跟別人最拿手的功夫一較高下，應該和自己過去的表現做比較。成爲家喻戶曉的人物，並不代表高人一等。

47 做爛好人，代價高昂

有位女士寫信給專欄作家蘭德絲（Ann Landers），請教她該如何應付老是向她借東西卻從不歸還的婆婆。這位體諒別人的女士不敢對婆婆有任何微詞，因爲她想維持良好的婆媳關係，何況她婆婆在她嘴裡仍是個「好人」。蘭德絲提供了一個得體的建議：「除非妳挺直腰桿拿出勇氣解決這問題，否則一輩子都要面對它。」

許多人的情況也和這位女士類似，他們渴望在別人心中留下好印象，以至於表現得過度仁慈，寧可增加自己的情緒困擾，也不敢傷害別人的感覺，但是偶爾拒絕親戚朋友的要求，情況才能獲得改善。有些人擔心受到排斥，所以常對別人有求必應。好心對待別人不一定是最佳處世之道，做好人不必花大錢，做爛好人卻可能付出很高的代價。

經常渴望幫助別人的心理，會轉化成希望討好大家的心態。這種傾向往往起因於自卑，而且可能招致嚴重的後果。英國演員錢德勒（Robin Chandler）說：「喜歡充當好人比酗酒更會擾亂生活，許多心地善良的人說什麼就是不敢拒絕別人的要求，他們總是擔心別人的想法，經常調整自己的行爲去遷就別人，卻從來不做自己想做的事。」

我們有時也會掉進這種陷阱。偶爾寬待別人固然無可厚非，但若經常如此，別人就會老是期望我們這麼對待他們。你對別人越好，他們越是得寸進尺，所以有時還是得拒絕再給別人任何好處，直到他們懂得報答爲止。

爲了討好別人而在應該拒絕對方請求時答應效勞，只會給自己製造痛苦。如果你是個粗線條的人，別人就會佔你便宜，看看能從你身上榨取多少勞力或好處。不要因爲對方是你朋友，就覺得你有義務答應他的請求。應該斬釘截鐵告訴別人，你可不是爲了伺候他們而存在的。

明明白白說出是否答應別人的請求，可讓對方了解你的個性與立場。不要爲了奉承別人假裝同意他們的要求，滿足他人的欲望不但浪費自己的時間、體力和金錢，也會犧牲個人的快樂與健康，最後還會爲了答應那項要求痛恨自己和別人。

不要強迫自己善待大家，如果你這麼想，就會拚命爲別人付出，卻忽略了自己，從事冒險和充實生活的意願也會大爲減低。幸好你沒有義務幫助每個人。

要幫助值得幫助的人，而且是在他們應該得到協助時才伸出援手。當然，並不是每個人都能贏得這項權利，你可以依照自己的心情彈性決定是否助人一臂之力，不必因爲對方是你的同事、朋友或親戚，就輕易妥協。最後要問自己一個問題：你想討好每個人，還是過快樂的生活？

48 勇於認錯，減少再犯

有些人的生活座右銘是：「人都會犯錯，責怪別人沒關係。」他們擔心的是，一旦承認自己犯錯，就會尊嚴掃地，所以非但不肯認錯，反而文過飾非。然而，最嚴重的過錯，就是不肯認錯。從長遠來看，及時認錯更能保護自己的名譽和財產。

勇於認錯，將來犯錯的情況才會減少。不否認自己出錯，或是不替自己的過失辯解，反而能夠從中學到很多事情，重蹈覆轍的機會也比較少。不承認自己犯錯，又拒絕爲這些過失負責，不但一點好處也沒有，而且將來更容易出問題。

我們越想掩飾錯誤，越會給自己製造問題，後果也可能不堪設想。在自己討厭的工作崗位待了二十年的人，不會承認他們選錯了職業，虛度了人生的黃金歲月。他們不僅沒有設法減少自己的損失，轉入更理想的行業，反而又浪費了二、三十年的生命，假裝心情愉快地守著老本行。

大大方方向自己和別人認錯，你會覺得比較舒坦。雖然向別人認錯似乎不如向自己認錯來得重要，卻能顯出你的自信。不要因爲擔心別人的看法企圖掩飾自己的過錯，一且及時認錯，不矢口否認，別人會更尊敬你。

人都有犯錯的權利，只要了解偶爾搞砸事情無傷大雅，就會信心大增。所以應當勇於認錯，接受失敗，慶幸自己犯了無知之過，將來就不會如此無知了。

犯錯並不表示你應該苛責自己。你也是人，是人就會犯錯，而且出錯機會還不少。說來有些弔詭：願意認錯的人都具有追求完美的傾向，勇於認錯的人也比死不認帳的人更有成就。

如果你喜歡研究人類的行爲，就會發現富有創意、懂得自我實現的人都不怕出錯，甚至還很慶幸自己遇到錯誤與失敗，因爲他們很少擔心或根本不怕別人嘲笑，並且勇於冒險，萬一自己失敗了，也知道應當怪誰。他們了解自己並不完美，所以容許自己犯錯，也能坦然認錯。

不敢承認過錯，牽涉到面子問題，純粹是心理作祟。向別人招認自己把事情搞砸了，並不會導致任何不良後果。生而爲人，難免出錯，很少認錯的人，成就也不多。犯錯不代表失敗，而是記取教訓和寶貴經驗的必經過程。犯錯之後能夠及時認錯，是成功的要素之一。

49 堅持己見，得不償失

許多人曾經讀過拙作《樂在不工作》（*The Joy of Not Working*，遠流出版），並且寄了數百封讀者投書給我，大多數來函反應都是正面的，只有五封例外。其中一封大肆抨擊我著書鼓勵大家減少工作，還寫了這麼一句結語：「你是社會叛徒，應該關進牢裡。」爲了回信，我花了整整一小時擬好草稿，逐條指出這位讀者的言論漏洞，想替自己好好辯護一番。

後來我改變初衷，決定不寄出這封信，原因如下：第一，我發覺我是爲了面子問題替自己辯駁，一想到有好幾百封信都肯定這本書，就覺得沒有必要向任何人證明任何事了。第二，我不可能改變這位讀者的看法。第三，這位讀者說不定是個怪胎，不願苟同我在信中表達的立場，搞不好還會回我一封裝了炸彈的信，那麼我替自己辯解，就得不到什麼好處了，我可不想因此送命。

我們都會忍不住想證明別人是錯的，自己是對的，而且總是堅持己見，不願抱著活潑開放的態度聆聽他人的意見與經驗。人的一生常會發生種種因爲堅持己見以致得不償失的情況，有些人即使犧牲了友誼、金錢、健康、滿足、幸福、活力，付出慘痛的代價，還是得理不饒人。很多家庭裡的成員也會因爲很久以前起了一點小爭執，便彼此不再交談。只要雙方僵持不下，誰都不願努力握手言和。

固執己見會讓我們自以爲理直氣壯，這是心態的問題。我們總是認爲自己的看法才正確，所以永遠巴著某些錯誤的觀念、意見、信仰、自我概念不放，把「我是對的，你是錯的」這種想法當作一種競賽，希望用自己的觀點支配別人，避免被別人的觀點操控，還不惜花費時間否定他人的意見，爲自己的看法尋找正當理由。

當心裡的想法被自尊控制的時候，會給自己惹來一些麻煩，所以你必須用適當的態度面對自尊問題。這並不是說你要完全棄自尊於不顧，那是極端的作法，過程也太辛苦了。自尊永遠存在，但要學會控制它，而不是讓它支配你，否則你會衝動地想把極不合理的行爲合理化。

認爲別人都錯，自己才對，不是提高自尊的好方法。既然你知道自己是對的，就不需要四處證明別人是錯的了。企圖讓別人知道你的一切想法都是對的，會消耗許多時間和精力。你不同意大家的主張，大家也不一定贊同你的論調。別把堅持立場看得比追求快樂還重要，對自己的立場越有信心，越不需要花費太多力氣替自己辯護。

爲許多事情堅持己見的結果是：就算你辯贏了，還是輸了其他東西，因爲你要付出許多代價，包括生活樂趣在內。在人生的旅途中，你總會遇到一個問題：「你要堅持立場，還是追求快樂？」記住：不計代價固執己見，是愚蠢的行爲，因爲撈不到任何好處。

50 不懂之事，請多提問

如果你想更進一步了解世界的奧妙，就每天問一個問題，而且不要擔心那是個傻問題。問題傻不代表腦筋笨，資質愚鈍的人遇到什麼問題都只有一個答案，頭腦聰明的人卻常提傻問題。希臘哲學家亞里斯多德說：「每問一個愚蠢的問題，都可以得到一個聰明的答案。」

傻問題往往比聰明問題更能引人深思。我們小時候都問過許多傻問題，那時大家充滿了好奇心，覺得世界很奇妙。長大成人以後，我們還是可以繼續探索神祕的新事物，因爲在有生之年，仍有許多新奇的現象值得我們去思考，去研究，所以每天至少應該問一個傻問題。

傻問題能讓我們了解一些有趣的概念。舉個例子說，歷史上看過蘋果從樹上掉下來的人不知凡幾，但直到一六八五年左右，才有人問爲什麼，那人就是牛頓。可想而知，當時的社會大眾一定認爲這問題很愚蠢，但它卻讓牛頓發現了萬有引力，解開了物體相吸、蘋果墜地之謎。

一些問過各種傻問題的發明家，也是這樣完成了許多現代人視為理所當然的重大發明。電話、雨刷、魔術貼、炸薯條、原子筆都是在這種情況之下問世的，那些發明者都問過諸如此類的問題：「如果我用這顆馬鈴薯做個好玩或特別的東西，不知會有什麼結果？」

許多人之所以不願打破沙鍋問到底，是因爲那樣就得動腦筋。十七世紀法國科學及哲學家帕斯卡（Blaise Pascal）認爲，有些人會去做某件事情，唯一的理由就是不想花腦筋，這或許是他們的大腦不習慣於思考。帕斯卡還認爲，人類會藉著不花腦筋來逃避矛盾、無聊、焦慮等情緒。

充滿創造力的頭腦是思路靈活的頭腦，思路靈活的頭腦則會想出許許多多的疑問。唯有提出靈活的問題，才能不斷開發我們的腦力，發掘新的處事方法和思考方式。對自己的價值觀念、宗教信仰、處事方法提出疑問，都是正常的，說不定還會因此發現自己的一些想法、舉止和行爲很荒謬。

我們應該靈活運用頭腦，以免腦筋「生鏽」。頭腦也和身體一樣，不常用就會反應遲鈍。

偉大的希臘思想家蘇格拉底常鼓勵學生每事問，包括質疑他傳授的知識。提出各式各樣的傻問題，才有機會探討一些我們平常不會探討的事物，從中找到新的方向和目標。

世界上有這麼多有趣的事物值得我們去思考，去探索，所以我們沒有理由荒廢自己的頭腦。愛因斯坦說：「永遠不要停止發問。」克雷曼在《讚美今天》（*Celebrate Today*）這本書裡甚至把九月三十日這天定爲問傻問題的日子。如果實在想不出傻問題，還是可以每天問一個問題，這樣必然能夠持續不斷地了解周遭世界。每天問一個傻問題，不但獲益匪淺，而且充滿樂趣。

51 傻瓜才怕鬧笑話

許多參加過創意講座的人都指出，「害怕失敗」是阻礙他們創造和冒險的一大因素。然而，我們之所以畏首畏尾，與其說是害怕失敗，不如說是擔心別人的想法。大多數人都是因爲害怕自己失敗會沒有面子而逃避冒險，有些人還會服膺下列座右銘：「我嘗試的事情越少，在人前出醜的機會也越少。」

擔心自己鬧笑話，會阻礙我們嘗試新鮮、富有挑戰性的活動。由於滿腦子只想得到別人欣賞，造成我們裹足不前，生怕在別人眼裡出糗，逃避冒險也成爲我們的生活準則，減損我們的創意與活力。

偶爾做做傻事，也是有益的經驗，「擔心鬧笑話」遠比「做傻事」糟糕。許多天才人物、傑出的領導者、成功的企業家都有過擔心鬧笑話的經驗，但是他們了解一件事：若想邁入成功境界，偶爾也要發揮阿Q精神。有智慧的人都知道，失敗爲成功之母。

如果你也擔心做傻事會鬧笑話，從此見不得人，就是荒謬的想法。別人批評你，並不代表你做錯了事，以前你也做過傻事，還不是活得好好的。當然，有些人的確會把你當傻子看，但你根本不必在乎他們的想法，重要的是，你願意從事冒險，體驗新事物。克服膽怯心理最好的方法，就是採取行動。

也許你一直渴望成爲畫家，卻因爲擔心畫不出像達文西、畢卡索、林布蘭特那種大師風格的傑作，便不敢提筆作畫。那麼，請在創作第一幅油畫的時候記住藝評家葛林伯格（Clement Greenberg）的話：「所有原始藝術作品乍看之下都很醜。」如果你覺得自己的油畫看起來像一灘爛泥，請不要擔心它會成爲別人的笑柄，先拿給朋友瞧瞧再說。

擔心自己鬧笑話，是愚蠢的念頭，我們總是花費太多精力去揣測別人對我們的想法。有些心理學家提出一個結論：別人想到我們的時間遠比我們想像中來得少，他們腦子裡多半只想到我們對他們有什麼看法。

如果你經常擔心別人對你的看法，那麼告訴你一個重要消息：研究人員指出，在一般情況下，大家腦子裡所想的事情，百分之八十是壞事，想想看：如果遇到倒楣的日子，人們想到的壞事會佔多少百分比？既然大多數人對你的看法似乎以負面居多（如果他們還有時間想到你的話），那又何必在乎他們的想法？還是我行我素吧！

法國諷刺作家哈伯雷提醒大家：「如果你不想看到傻瓜，就先打破你家鏡子。」每個人偶爾都該嘗嘗當傻瓜的滋味，只有傻瓜才怕自己鬧笑話。要發揮創意充實人生，必須學會怎麼做阿Q。每做一件傻事，就安慰自己一番，因爲你願意從事冒險，充實人生。

52 往事如雲煙，別想再改變

有位塗鴉人士寫道：「要預防舊事重演，只有不讓它發生。」這話聽起來似乎不可能辦到，但卻一針見血，因爲人不可能活在過去，然而許多人卻拚命嘗試這麼做。既然無法阻止舊事發生，事後感傷懊悔都沒有意義。

你說不定也有類似的情況。我們都聽過「往事已矣」、「時光無法倒流」之類的陳腔濫調，但還是經常緬懷過去。禪師在爲弟子開示時，都會強調人要放下執著，拋開過去的問題與憾事。活在過去，並不能改寫歷史。往事已成過眼雲煙，所以別再嘗試改變！

有些人不願意追求理想或目標，是因爲始終忘不了昨天、去年，甚或二十年前聽到的一句評語或壞話。老是想起過去發生的小事，認爲這些事情讓自己喪失了許多追求成功、快樂的機會，是不會有作爲的。不要因爲從前有人對你下了一句不公平的結論（例如高中老師說你不可能當學者），就對人生感到悲觀退縮。忘掉這些評語，才不會受它們的影響。

如果你經常回想過去，那麼請你務必改掉這習慣，這樣才有可能追求成就，達成目標。爲昨日懊悔，爲明日擔憂，都是浪費時間，而且只會讓今天白白溜走。今天才是實踐目標的好時機，昨天一點也不重要，所以我們應當全神貫注做好今天該做的事。詩人愛默生說過一句箴言：「現在是最珍貴的一刻，只要我們知道如何愛惜。」

別再懷念美好的昨天，要得到幸福的未來，不必擁有美好的過去。無論從前日子過得有多糟，永遠可以重新開始。不要認爲自己年紀太大，一切爲時已晚，應該想想自己還能做什麼。

過去的種種，都無關緊要。未來會有什麼樣的人生際遇，不是昔日的經歷所能限制或決定的。只要了解那些限制都是自己想像出來的，就可以安心追求更多的成就。未來的境遇取決於今日的行動和明天的成就。

要放眼未來，不要浪費精力回顧從前。老是想到過去的問題和遭遇，只會剝奪解決這些問題的時間和精力。用比較樂觀的態度面對今天和明天，就不會覺得昨天是個負擔了。美國詩人拉肯（Lucy Larcom）說：「往事已經隨風而逝，幸福的腳步逐漸靠近。」

53
塞翁失馬，焉知非福

你認爲被炒魷魚是件壞事嗎？答案也許是：「那還用說！」但是老闆請你走路，未嘗不是一件好事。以前我在擔任企畫工作時，也被炒過魷魚，當時心情非常低落，後來卻因禍得福。

不管是遭到解雇或遇到其他壞事，都有可能從中獲益。歷史上第一個駕機橫越大西洋的飛行家林白的妻子安說過：「有失才有得。」許多被炒魷魚的人都是因爲丟掉了工作，才能體驗有趣的新生活。他們發現，失業反而讓他們得到轉換工作、改善生活的好機會。

我們應該抱著開放的態度迎接不幸的遭遇帶來的機會與好處。當然，誰都不會希望你家或別人家遭到回祿之災，但是家中失火也不盡然是悲劇。西班牙有句諺語說：「如果你家失火，就到一旁取暖。」中國人也說：「塞翁失馬，焉知非福。」

每件壞事都有好的一面，只要用心去找。搭乘長途飛機時，坐在悲觀者的旁邊是件倒楣的事，因爲你得長時間忍受對方嘮嘮叨叨地抱怨自己命運多舛，你可能會在飛機上頻頻自問：「爲什麼坐在他旁邊的不是其他兩百零九個人，偏偏是我？」不過，至少你得到了一個教訓：人生不要過得太順利，也不要太惹人注意。

別太在意自己發生了不幸的遭遇，以免看不見其中的好處。遇到危機可以讓人保持清醒，採取重要行動。生活裡總會碰到許多難於應付的狀況，有過這些經歷以後，將來若再遭遇其他困境，就能不畏艱難地設法處置。用樂觀的態度面對逆境，就會覺得那些逆境看起來沒那麼糟了。

遭遇痛苦的經歷或重大的挫折，往往能夠得到成長蛻變的機會。許多人都表示，有過離婚或在賭場輸光所有家當的經驗，可以給人當頭棒喝，某些挫折（例如被炒魷魚）還能喚醒沉睡多年的創意思考能力。面臨困境，可以激盪腦力，打破陳舊的思考習慣。

有些作家及哲學家認爲，所有問題都不是出自偶然。巴赫說：「人在一生當中的所有遭遇都是自己促成的，要如何面對它們，是自己的選擇。」這麼說來，我們遇到的種種問題，都是因果關係的一部分，這些遭遇是好是壞，都要自己負責，所以好壞都得接受。

無論你的判斷標準是什麼，一定會認爲遇到好事總比碰到壞事強。然而現實情況是：福中有禍，禍中有福。只要觀察、了解現實情況，你也可以把壞事看成好事。訓練自己凡事往好處想，不幸的遭遇對你造成的負面影響就會隨之減少了。

54

追求偉大的成就，是最佳復仇手段

前陣子，我的朋友聽說有人惡意散布了一個跟他有關的謠言，爲此感到七上八下，還花了好幾個月時間想查出造謠者是誰，以便還以顏色。後來別人都已經忘了這檔事，他還不斷舊事重提，滿腦子只想報復。

有些人活著的目的，似乎就是爲了討回公道，但是這種復仇心態只會招惹那些傷害他們的人，對他們造成更多、更長久的傷害。由於他們念念不忘此事，因此即使討回了公道，還是懷恨在心。每當他們以報復爲職志，就會出現惡劣的言行舉止。

我們偶爾也會產生報復的念頭，若非這種心理作祟，大多數離婚案件也不必經過冗長的訴訟程序了。對簿公堂會消耗許多金錢、時間和體力，以至於浪費了許多人的生命。就算原告或被告勝訴，也會損失其他東西。

無論別人怎麼惡劣對待你，避免報復才是最佳對策。侯茲（Lou Holtz）說：「如果你想報復別人，絕對贏不了對方。」最好還是利用那些時間精力去做其他重要的事。心裡再怎麼難受，都要抱著適當的態度衡量報復別人是否値得。兩雄相爭，必有一傷，以牙還牙，有弊無利。

浪費精力記掛仇恨，只會干擾自己的生活。孔子說：「遂事不諫，既往不咎。」當你考慮對別人採取某種激烈的報復行動時，至少應該先忍耐幾天，屆時說不定又會覺得不值得惹這個麻煩了。

要學習寬恕敵人。拒絕原諒對方，懲罰的不是別人，而是自己。不管過去遭受過什麼樣的屈辱，都可以從今天起一筆勾消，原諒和忘記從前的不快，不要等到以後才這麼做。如果考慮不計前嫌會更好，這樣才能卸下心頭的重擔。

蘇格蘭詩人史蒂文森（Robert Louis Stevenson）曾經問道：「人生還有什麼事能比獲得重大成就更教人振奮的？」許多人都很羨慕擁有多項成就的成功人士，那麼何不捨棄立即報復的念頭，努力追求人生目標，把獲得偉大的成就變成報復的手段？有句法國諺語說：「成功是最佳復仇手段。」只要相信這句話，就不必記仇了。

坊間有很多討論報復手法的書，內容都是教人如何傷害仇家或其財產。不過，除了設法出人頭地以外，還有其他高明的報復技巧。法國劇作家紀特希（Sacha Guitry）說：「當別的男人偷走了你的老婆，最好的復仇手段就是把老婆送他。」王爾德也提供了一個十分有效的對策：「經常原諒你的敵人，他們就不會處處掣肘了。」

記住：仇人遲早會遭到命運的報復。風水輪流轉，過去陷害你的人，將來總會得到報應，別人也會對他們做出類似或更糟的事情。所以你大可不必處心積慮地報復仇家，只要放鬆心情，把審判責任交給上帝就好。

55 活到老，學到老

一九九七年六月，法莎諾（Mary Fasaono）以八十九歲高齡自哈佛大學畢業，她是這所成立了三百六十一年的學術殿堂有史以來年紀最大的畢業生。法莎諾向世人證明了一件事：雖然老狗學不會新把戲，人類卻可以活到老，學到老。追求新知，精益求精，永不嫌晚。世界上就有千千萬萬懷著高度熱情與活力追求新體驗的老年人。

大多數人對於年齡老化的影響都存有某些偏見，但是既求長生，又怕變老，等於是欺騙自己。認爲年紀大了就不中用，也是錯誤的觀念，這樣就會想出各種理由拒絕從事老年人也能勝任愉快的活動。

有位智者說：「學不會新把戲的老狗，還是照樣學習新把戲。」年紀輕輕便思想僵化的人，總是以年齡作爲老掉牙的藉口。換句話說，他們面對、抗拒改變（不是老化）的態度，阻礙了他們求新求變的能力。思想開放、善用想像力的成年人卻經常培養新的觀念與習慣，絲毫不受年齡限制。

許多人一旦上了年紀，就非常畏懼或排斥改變，這種態度不值得效法。即使大多數朋友晚景淒涼，日子越過越糟，你還是可以設法改善自己的生活。用逃避退縮的態度迎接晚年，會更擔心自己老化。用嶄新的角度面對人生，才能增加生活樂趣。如果你經常自問：「人生就這樣嗎？」那就表示你可能需要改變一下了。

年紀增長，生活的選擇也會隨之增加，只要你願意去尋找。不論處於哪個人生階段，你都可以發掘新的才能及興趣。雖然人的個性很難改變，但是大多數心理學家認爲，只要經過努力，還是可以得到適度的調整。

人的個性及生活不可能一陳不變，你卻可能堅持某種人生態度，但是如果食古不化，冥頑不靈，便永遠無法改變與成長，所以應當拋棄無法增進生活品質的舊習慣，在身邊尋求各種促進個人成長，使自己獲得成就與滿足的新機會。

能夠達成多年心願，是件教人興奮的美事。完成自己從沒做過，甚至從來不敢夢想自己能夠完成的事情，也是一種成長。不要因爲自己不擅長某種運動或活動，就不敢去嘗試。即使後來做得不好，也要承認參與這項活動很值得。

貝拉曾經這麼描述棒球賽：「在比完終場以前，球賽不會結束。」不論你年紀有多大、可以活多久，也應該如此面對人生。千萬不要未老先衰，還沒走到人生盡頭，就形同枯槁多時的朽木。世上總有一些有趣的事物值得我們學習，不斷學習新知，會覺得思路更清晰，人生更美好，還可以延年益壽。

56 生活出問題，自己要負責

美國作家米勒（Henry Miller）說：「我們每天都在創造自己的命運……大部分的不幸可以直接歸咎於自己的行爲。」的確，人類會遭遇種種問題與不幸，多半是咎由自取，雖然這是不爭的事實，許多人卻老想怪罪別人。除非認清自己才是始作俑者，否則將不斷爲自己的行爲付出代價。

當你遇到任何困境，最好先責怪自己。生活出問題，自己是禍首，因爲那些問題都是你製造的，選擇與它們爲伍的也是你。一位充滿智慧的老牛仔說：「最大的麻煩製造者，就是每天早上你在鏡子裡看到的那個化妝或刮鬍子的人。」現在面對的問題，都是過去的決定或行爲所致。將來遇到的問題，也是今天或明天的決定或行爲造成。

我們一生的所作所爲，都會得到某些報應，有時還會遇到加倍奉還的情形。由於那些報應不一定馬上出現，因此有些人很難把自己的行爲和它們聯想在一塊兒，所以千萬要提高警覺，如果你不了解這種關聯，將來可能就要嘗盡苦頭了。

指責別人，於事無補。雖然把錯怪到別人頭上省事多了，將來卻得不到實質的好處。拒絕承認事實，不能改善生活。把自己的責任堆卸到其他的人、事、物身上，並不能解決太多問題，別人也幫不上忙。問題能否化解，取決於我們是否願意承擔過失，採取行動。

要改善生活缺失，就必須採取行動。在許多情況下，責怪別人是很危險的作法。假設你在健行途中撞見一頭灰熊，這時如果還站在原地想著是誰害了你，就是白痴的舉動，趕緊設法脫身才是聰明的反應。事後若要追究責任，就怪你自作自受吧。

別把所有問題都掛在心上，要學習擺脫某些麻煩。舉個例子說，假設你不知道該穿哪些衣服，乾脆送幾件給別人，這樣就比較容易做選擇了。再舉個例子，假設你的男友老是給你惹麻煩，何必纏著他和那堆問題不放？乾脆甩掉這個大包袱，讓別的女人去淌這渾水，陪他處理那堆麻煩。

當你不再把自己的問題推到別人頭上，就能掌控自己的生活。生活發生各種問題，應該自己負責，承認你（不是環境或別人）才是製造問題的元兇。嚴以律己，寬以待人，才能徹底找出個人問題的形成原因。

不要做個逆來順受的宿命者，下回如果你再抱怨交通阻塞，就先怪你自己，因爲你也和高速公路上的其他司機一樣，要爲交通問題負責，接著就要好好處理眼前的難題，一逮著機會，便立刻下車，這樣就擺脫塞車問題了。

57 慾望太多，麻煩更多

你想擁有一輛拉風跑車嗎？你以爲有了它，你就會快樂嗎？答案是：也許會，也許不會。一位曾經擁有名牌跑車的車主透露：「我這輩子最興奮的兩個日子，一是買進Alfa-Romeo（義大利跑車）那一天，一是賣掉Alfa-Romeo那一天。」可見擁有名牌跑車不見得讓人快樂。

禍中有福，福中有禍。巴赫在《唯一》這本書裡寫道：「好運將隨災難而至，幸福也會隱藏厄運。」有時候，你也會遇到樂極生悲的情況，到頭來寧願不要那些好運。

慾望太多，麻煩更多。所以要小心自己許下了什麼願望，因爲你很可能自食惡果。西班牙聖徒德蕾莎（Saint Teresa of Avila）說過一句發人深省的話：「禱告獲得應驗的人流的眼淚比沒有應驗的人多。」因此許多人會發現，得到自己夢寐以求的工作、伴侶，或其他機會，反而是禍不是福。

你渴望擁有的東西不一定能帶給你快樂與滿足。假設你想獲得升遷，就記住美國詩人佛洛斯特（Robert Frost）的一句話：「每天老老實實工作八小時的伙計，最後可能當上每天必須賣命十二小時的老闆。」許多人都有這樣的經驗：好不容易得到了升遷，卻要承擔更多的責任，美夢反成惡夢。

一個問題解決了，往往又會製造更多問題，這樣的例子還不少。例如我們可能擔心自己成不了家，然而一旦結了婚，解決了單身的問題，又要面對種種婚姻問題。有些人結婚以後，就出了一堆問題，以至於寧可保持單身，這點可拿現代社會離婚率來證明。

另外一個例子是嫌自己的衣服不夠多，然而一旦解決了這個問題，又要面臨衣櫥不夠放，或不知該穿哪一件的煩惱，而且衣服越多，越難做決定。美國電視名記者賽維瑞德（Eric Sevareid）說：「問題的主要來源是解答。」用贏得彩券的方式解決缺錢問題，會衍生更多其他的問題，例如失去老朋友。

許多先知及哲學家都相信，得不到自己想要的東西，反而是一種福氣。有句希臘諺語說：「眾神對誰生氣，就滿足他的慾望。」

也許你應該感謝上帝沒有答應你的願望和請求。有些地方表面上看起來像天堂，一旦身歷其境，你才發現那是地獄。羅馬詩人奧維德（Ovid）說：「能夠預期災難降臨的人是幸福的。」所以不要老是想著眼前的問題，偶爾也要想想你沒碰過的大災難，萬一碰上了，人生會有多悽慘。

58 找出問題癥結，才能解決問題

前不久，為了吸引更多人來參加我辦的講習會，我寄了一份簡介給各公司主管，可是得到的回音並不多。起先我以為問題出在那份簡介印得不夠精美，但是並沒有立刻花錢重印，而是進一步檢討問題究竟出在哪兒，最後發現癥結在於我沒有設法引起那些主管的興趣。

於是，我出了一道謎題隨信寄給那些主管。事後證明，這一招的效果比郵寄一堆昂貴的簡介高二十倍。因此我很慶幸我能找到問題關鍵，如果重新製作一份簡介，不但花錢耗時，還可能達不到效果。

英國詩人柴斯特頓（Gilbert K. Chesterton）說：「他們不是不知道答案，而是不了解問題。」要解決問題，必先了解並承認自己發生問題。雖然大多數人都做得到這一點，卻常在沒有找到問題癥結前，就急著解決問題。發掘問題很重要，但要抓出癥結，可就不容易了。

舉個例子說，在感情不合的情侶當中，有一半的人堅決認為，只要他們多陪陪對方，就能改善彼此的關係。猜猜另一半的人怎麼想？他們相信減少兩人相處的時間，才能維持良好關係。這兩部分的人都誤以為他們的想法可以改善自己的親密關係，實際的情況卻是：不管他們花在情侶身上的時間是多是少，依然無法增進雙方感情，因為他們沒有找出問題的癥結。

這癥結可能是缺乏溝通。如果男女雙方不能坦誠溝通，那麼無論聚在一起的時間是長是短，情況都不會改善。當然，問題的癥結也可能與溝通無關，而是牽涉到自尊，這麼一來，絞盡腦汁增加或減少雙方相處的機會，都是浪費時間。除非抓對問題癥結，解決自尊問題，否則不愉快的情況依然會持續。

要為生活找到秩序和方向，就必須有效解決個人問題。光是依賴金錢，無法讓問題消失。如果你家兒女行為扭曲，那麼不論你給他們多少錢，他們還是我行我素，除非你能發現問題癥結在於他們得不到你的關愛和指引。

美國電機工程師凱特林（Charles F. Kettering）說：「能正確敘述一個問題，就解決了半個問題。」要解決問題，還必須誠實，換句話說，就是要承認自己遇到問題，然後找出問題癥結，所以不要忘記花點時間（有時要花很多時間）分析問題。不了解問題的本質，想出再多聰明的解決辦法，又有什麼用處？一旦找到問題癥結，也想出各種解決辦法，又分析過所有方法，再經過一番篩選，就可以對症下藥了。

改變人生觀，就可以改善生活品質

假設有兩個人面臨了同樣的遭遇，其中一人可能會把這遭遇看成好運，另外一人則可能視之爲厄運。有位富翁在損失了幾百萬元財產之後瀟灑地說：「沒關係，不過是錢而已，至少我還在。」另外一位富翁卻爲了收到一張幾百元的交通罰單失眠了好幾個晚上，兩者的差別就在面對環境的態度。

只要改變自己對環境的看法，一旦遇到問題，大都可以逢凶化吉。外在環境能否改變，取決於我們是否願意挑戰個人觀點，保持思考彈性。一般人多半都不願意花費功夫反省自己的想法，以及爲什麼有這些想法，但是若要改變個人觀念，就先要考慮改變自己。挑戰自己的想法，才能產生全新的生活觀點和健康的人生態度。

不挑戰自己的觀念，至少有兩大害處：第一，堅持某個觀點，看不見其他更適當的選擇。第二，只接受某個目前看來十分合理的觀點，然而時移勢轉，許多事情都會隨時間而改變，原來的觀點已經不合時宜了，我們卻還在沿用過時的觀點面對眼前的情況。

改變你對環境的看法，就可以改善生活品質。有些問題的嚴重性，不是取決於問題的大小，而是決定於你的觀點。雖然你不能控制環境，卻可以控制你對環境的反應。當某些事情無法照著你的意思進行時，不要老是耿耿於懷。從前種種譬如昨日死，應該把過去的一切統統忘掉，別讓它們影響你對未來的看法。無論從前有過什麼遭遇，永遠可以重新開始，改變現況。

如果不能改變環境，就改變自己的觀點，別讓外在環境左右自己的心情。負面的想法會帶來負面的結果，只看人生陰暗面，將會產生惰性；多看人生光明面，則會產生活力。用樂觀的態度面對不幸的處境，可以發現趨吉避凶、化險爲夷的機會。

重要的是，好事與壞事都要接受。無論外在環境如何影響或支配你的生活，你都可以控制自己的反應。改變態度，就會把阻礙看成機會。雖然世界不會因爲你的改變而改變，但是你會覺得世界看起來更光明、更美好，而且充滿各種可能性。

總而言之，要改變生活品質，最好的方法就是改變自己的人生觀。雖然你不知道每天會發生什麼樣的遭遇，卻可以選擇要以多麼愉快的心情迎接每一天。用幽默和熱情把憂鬱的早晨變成愉快的早晨，陰天來了，就自己創造陽光，即使遇到最悲哀的事情，也要努力保持樂觀。觀念會影響個人的心情與健康，更能影響整體生活品質。

60 問題是輕是重，涉及個人觀點

不知何故，大多數人總會把自己的問題看得比實際情況嚴重許多，而且老是認為別人的生活過得遠比自己輕鬆，你可能也不例外。蘇格拉底說：「如果把大家的不幸堆在一塊兒讓每個人平分，大多數人都會爭相拿起自己的那一份離開。」

表面上看來，你的問題或許很嚴重，但那些問題嚴重與否，牽涉到個人觀點。當我們遇到問題的時候，很容易被自己的觀點矇騙。最極端的情況是，只看見自己的問題，忽略了世界的存在。

一般人之所以無法處理某些問題，是因為他們沒有靜下心來問自己：那些問題到底有多嚴重？大多數的問題只不過是出了點差錯的小麻煩，還不值得為它們生氣或沮喪，但是許多人卻小題大作，而那些問題通常是不了了之。如果有一台電視在即將轉播世界足球賽前的五分鐘發生了故障，有些人可能把這件事看得跟一架飛機在他們家附近發生空難一樣嚴重。

有時候，我們也會和大家一樣誇大事態，以至於犧牲了自己的快樂與健康。但你是否注意過，某些過去你認爲十分嚴重的問題，後來竟然變得不值一顧？因爲那些問題本來就沒什麼大不了。有時候，你會爲了某些問題徹夜難眠，但也許過了幾天之後，你又會奇怪自己爲什麼要浪費時間精力爲這種小事煩惱了。

問題來臨的時候，與其把自己搞得神經兮兮，不如好好正視它。假設你丟了工作，當然值得擔心，但跟那些睡在印度街頭、爲了多活一天必須每天花費十二個小時尋找食物和飲水的窮人比起來，失業又算得了什麼。

爲小事可憐自己，是很可笑的行爲。有些事情即使出了大紕漏，也不至於釀成悲劇。要是你想知道什麼叫做眞正的悲劇，就打開電視看幾分鐘世界新聞吧。這麼做並不是要你從中獲得慰藉，而是希望你用適當的角度面對自己的問題和處境。

要減少個人問題，就停止誇大其實。跟浩瀚無垠的宇宙比起來，你的問題便顯得微不足道了。用適當的觀點面對問題，大多數問題看起來也都不是問題。巴赫說：「每一個問題都帶有某些好處，你會嘗試挖掘問題，正是因爲你想得到那些好處。」

61 別人提供的建議，不如自己的高明

不管你的問題是大是小，很多人都會樂意爲你提供意見，告訴你解決之道。的確，大多數人都好爲人師，他們大概是接受了王爾德的忠告。王爾德說：「處理善意的忠告只有一個方法，那就是左耳進右耳出，因爲它對任何人都沒用。」

你的身邊一定有不少人會告訴你日子應該怎麼過，父母會教你怎麼得到快樂與滿足，兄弟姊妹也會這麼做，至於老師、朋友、廣告商、報紙、雜誌、電視節目，更是不在話下。但是無論做什麼決定——買多大的房子、放多少存款、做什麼行業、怎麼教養孩子——都要小心聽從別人的建議。

先考慮別人給你的建議能有多大的幫助，不要隨意相信免費的意見。當別人給你建議的時候，先想想他們的動機是什麼，再想想萬一那些建議不可行，他們會有什麼損失。需要付費的建議通常比較値得信任，因爲收取意見費的人至少還得維護自己的信譽，萬一提供了不好的意見，可能就要破壞自己的生計了，而提供免費意見的人即使出了餿主意，也不會有太大的損失。

有些好管閒事的人總是有辦法說些我們不想聽的意見來干涉我們的生活，例如他們會建議我們離婚或離職，但是萬一這決定做錯了，受苦的人是誰？他們難道願意替我們求偶或求職？當我們被迫承擔後果的時候，他們卻還是高枕無憂，逍遙自在。

有時候，我們之所以認爲別人的建議既合理又務實，是因爲擔心自己做錯決定，因此不但不懂得相信自己的判斷，反而事事求教於人，但是相信自己的直覺才是正確的作法。雖然別人認爲他們的意見很合理，你也可能這麼想，不過有些明智的決定卻是憑直覺而不是靠理智做成的。你也應該這麼做，不要過度在乎自己的想法是否合理務實。

經常接受別人的建議，等於是把支配個人生活的權利拱手讓人。所以你應該爲自己的生活負責，不要老是請別人替你做決定，無論他們多麼精通此道。英國作家萊辛（Doris Lessing）說：「判斷錯誤沒關係，但無論如何都要自己下判斷。」先徵詢別人的意見，經過一番考量之後，還是應該自己做決定。

最後，讓我也給讀者一個忠告：不要隨便接受別人的建議——至少在你全盤考慮過其他選擇以前。我同意羅馬詩人西賽羅（Cicero）的一句話：「別人提供的意見，不如自己的高明。」相信自己擁有判斷問題和解決問題的能力，那麼不論成功與失敗，自己都可以承擔。

62 認清自己的人生目標

下面是個看似簡單，卻値得深思，也很難回答的問題：你到底要什麼？知道自己要什麼，是獲得幸福快樂的先決條件。美國勞工運動發起人戴布斯說：「美國人要什麼就有什麼，問題是，他們不知道自己要什麼。」

那麼，你想要什麼？當然是英俊貌美、幸福快樂、錢多事少、生活悠閒、位高權重等等，但從現實情況來看，你不可能擁有這一切，況且就算全部到手，也不會得到預期中的快樂與滿足。

賀洛德（Don Herold）說：「不知道自己要什麼，卻拚命想滿足慾望，就會得到痛苦。」許多人的確是在拚命追求他們不需要的東西，卻從來不停下來仔細想想自己要什麼。要追求幸福美滿的人生，就得先花些時間好好思考自己到底要什麼，說不定要花一小時、一星期、一個月才能想清楚。

如果你一直在尋找人生的意義，或許也是因爲你沒有靜下心來思考自己究竟要什麼，所以應當仔細想想：「我以後到底要做什麼？」注意：是考慮「自己」要做什麼，而不是父母、朋友、社會、學校要你做什麼。

想把「自己要什麼」表達得一清二楚，並沒有想像中容易，不是光說「我要幸福」或「我要成名」就行了，必須說得更明確、更具體，例如五年之後你想去哪兒？紐約、巴黎、阿姆斯特丹，還是其他城市？五年之後你想靠什麼維生？航海、表演、唱歌、教書，還是寫作？

如果沒有特定的生活目標，就會得過且過。知道自己要什麼、打算如何達到目標，生活才會過得更豐富、更愉快，所以必須爲自己定幾個實際可行的目標，不是含糊其詞地敘述自己的願望。

先把你認爲重要的事情逐一寫下來，例如找到合意的工作、舒適的住宅、親密的伴侶，再仔細想想你應該如何改善自己的生活？接下來就要全力以赴，承擔風險了。要得到自己想要的東西，不能安於現狀，必須展現鬥志與勇氣。

金克拉（**Zig Ziglar**）說過，要你走到一個你不想去的地方，就像要你從一個你沒到過的地方走出來一樣困難。如果不知道自己要什麼，便得不到你想要的東西。不知道最終目標在哪兒，也不可能達到那目標。認清自己的人生目標在何處，才能漸漸朝那目標邁進。當然，若要達到最終目標，還是得投入時間、精力和創意，屆時才能繼續下一段的旅程。

63 不主動提出要求，就得不到你要的

假設你已經知道自己要什麼了，那些東西可不會自動送上門來。無論你有哪些夢想和願望，還是得靠別人幫助你實現。不主動提出要求，就得不到你要的東西。

禮貌安分地等著別人把那樣東西送給你，是行不通的。不要因爲覺得「向別人要東西很無禮」，就不敢提出要求。很多人就是遵守了這樣的教條，所以始終還在等待自己朝思暮想的機會、邀請、加薪、面試、約會或寬恕。

你應該容許自己擁有你想得到的東西，當你向別人要求這樣東西時，也不必覺得歉疚，而要相信那是你應得的。不要用抱歉的口氣提出要求，否則對方會覺得你不應該得到它。用堅定的語氣說服別人爲你效勞。

許多人可能都很樂意幫助你達成心願，因爲他們也有需要別人幫助的時候。不過，他們畢竟不是你肚子裡的蛔蟲，除非你一五一十說出自己的需求，否則他們不會知道你心裡在想什麼。你想得到什麼，就要說清楚，講明白，別把對方搞得一頭霧水。老是讓別人玩猜謎遊戲，他們很可能誤會你的意思。

具體說出自己的要求，將內心的想法表達得完整而清楚，是很重要的。如果你想利用替別人服務的方式賺取酬勞，也可以應用這原則，但你必須了解自己的市場行情，相信自己賺到的每一分錢都是你應得的，不能讓別人以為你可以提供廉價的服務，否則他們就會付你很低的報酬。

不要浪費時間向沒有能力滿足你的人提出要求，你要尋找的對象應該是能夠滿足你的需求，並且擁有某些權力、地位、金錢、時間、精力、魅力或專長的人。在適當的時機提出要求，才有機會得到你要的，至於什麼時機恰當，什麼時機不恰當，則要根據現實情況來決定。不要期望你能立刻得到你要的東西，有時候你必須反覆提出要求才能如願以償，有些人甚至要等你提過十次、二十次以後，才知道你當眞。如果一種方法行不通，就換個方式。剝貓皮的方法不只一種，要東西的方法也不只一種。

天下沒有白吃的午餐，想得到某樣東西，就必須拿別的東西來交換，無論那是體力、工作、金錢、財產、時間或個人魅力。即使想當乞丐，也要回報施主，那回報也許是減輕施主的罪惡感，或讓他們覺得施比受更有福。

能讓別人心甘情願滿足你的要求，是人生一大樂事。你提出的要求越多，越能得到你要的東西，生活也越滿足。人生有甘也有苦，物質環境的優劣與生活困厄的程度毫無瓜葛，重要的是我們對環境採取何種反應。接受好花不常開的事實，日子會悠哉許多。

64

多接觸自然，能減少疾病上身

你怎麼處理和減輕日常壓力，都會影響你的身體狀況，讓你不是生龍活虎，就是搖搖欲墜，或是筋疲力竭，然而我們卻往往不太在意日常壓力會損害健康，造成疾病的事實。如果發現身體不太舒服，最好能以接觸自然的方式來恢復活力。

有時候，你會覺得壓力大得幾乎令人神經崩潰，這時就到住家附近的公園、海灘或森林走走，不必找心理醫師。接觸自然，能除百病。到戶外散步或跑步，比服用一堆藥物、喝下半打啤酒、看兩小時電視、享用一頓大餐、去見心理醫生更能紓解壓力、恢復元氣。

不要等到神經快要崩潰了才去處理壓力問題，越早對付壓力，得到的效果越好，所以應當趁著壓力尚未對自己造成重大影響之前，就注意壓力問題，並且利用接近大自然的方式鬆弛身心。

我們總是經常忘記親近大自然的種種好處，人類越是遠離自然，越不容易親近自然。如果你是個身心健康的人，就會覺得到公園或森林走走，遠比待在擺滿各種現代用品或裝飾的房間來得舒適。接觸自然，不必花大錢，有時甚至完全免費。與其加入健身俱樂部，不如把戶外當作私人健身房。只要走到戶外，就能紓解壓力。自然界的聲音、氣息和節奏，都能幫助我們放慢腳步，鬆弛身心。所以每個月至少應該找個機會讓自己待在戶外一整天，遠離平時的環境。

我心愛的一件運動衫上印著一隻騎腳踏車的山羊，下面還有這麼一句話：「體驗一下跨出汽車的感覺吧，散散步，騎騎車，吹吹風，看看朋友，瞧瞧動物，做大自然的一份子。」因此建議讀者：與其開車出去兜風，不如來趟單車之旅，好好欣賞一下沿路的風景、聲音和氣味，你將體驗到許許多多你在車上絕對體驗不到的事物。

聽聽研究人員的說法，也可以了解爲什麼我們應該多到戶外走走。有些研究指出，一般住家裡的污染物質是戶外的二十到三十倍，所以爲了增進個人健康，最好每天能花半個小時從事戶外活動。醫療專家也建議，深呼吸運動有益健康。空氣比較新鮮清潔的樹林，最適合做這類運動。

多多接觸自然，不但能夠促進身心健康，也會使人更加愛惜生命。你可以傾聽各種有趣的聲音，欣賞燦爛美麗的景物，嘗試觀星、賞鳥、划船等活動，帶著探險的心情去散步，擁抱二十種不一樣的樹，追逐野生動物。所以現在就走到戶外，體驗一下那種清新舒暢的感覺吧！親近自然，既能改善身體健康，也能改變人生態度。

65

不找時間運動，就有時間生病

人人都想身體健康，可惜願意努力維持健康的人卻寥寥可數。雖然定期運動好處很多，但是不喜歡活動四肢的人卻越來越多。定期運動可以促進健康，兩者之間的關係無庸置疑，可是每星期至少做三次劇烈運動的成年人卻不到百分之十。

有些人不但不運動，反而替自己找一堆藉口，動嘴巴似乎成了他們唯一的運動，這樣只會損害自己的健康。為了健康著想，一定要做運動，如果不是每天做，至少也要每兩天做一次。就算從事輕微的運動，也能促進健康。許多人懶得運動的理由是：「時間不夠。」但是只要在乎自己的健康，大家幾乎都可以騰得出運動的時間。如果你覺得自己的時間很零碎，根本無法按時運動，就請記住一位智者的話：「不找時間運動，就有時間生病。」

如果你已步入中年，而且認為自己老得沒辦法運動了，也請記住下面這故事：加拿大的巴芬島曾在一九九四年舉行了一場四十公里馬拉松賽，六十七歲的老先生伍摩斯利卻跑了八十公里，因為他覺得四十公里太輕鬆了。戴區沃德（Ken Dytchwald）在《歲月的波動》（*Age Wave*）這本書裡也提到，許多六十歲以上的老年人定期跑馬拉松、打網球、游泳，還可以一天騎八個小時自行車。

定期運動好處很多，包括紓解壓力、安定情緒、促進睡眠、降低飲食過量的衝動，還可以減少百分之六十的癌症（某些類型）罹患率，以及百分之八十的心臟病，更可以使人強健體魄、延年益壽、保持身材、心情愉快。

要從事運動，就必須身體力行。當你最不想運動的時候，才是你最需要運動的時候，這時應該強迫自己擺脫任何藉口，每一種運動都是前十分鐘最難熬。如果時間不夠，不能做一小時的運動，至少也要做二十分鐘或半個小時，這樣總比完全不做舒服得多。

不要花錢購買昂貴的運動器材或加入健身俱樂部，以爲這樣就能讓你勤加運動。根據統計，一台新型健身腳踏車在報廢以前的平均使用次數是七次，如果眞想爲了健康強身從事運動，就先參加某個運動課程，再考慮購買運動器材。

爲了逃避運動尋找藉口，是最省事的，但是如果明知道定期運動有益健康，卻不肯付諸行動，會使人心情煩悶，甚至討厭自己，這樣又會損傷精神，對健康產生不良的影響。所以千萬不要忽視自己的健康，很多人往往都是在失去了健康以後，才知道珍惜健康。

66 保持身材，沒有捷徑

十九世紀義大利作曲家羅西尼很喜歡在床上工作，謠傳他生性十分懶散，如果弄掉了一頁樂譜，寧可整頁重寫，也不願下床去撿。今天許多美國人的情況也不遑多讓，他們一方面渴望健美苗條，一方面又懶得活動。

由於生活太過富裕，身材肥胖的美國人也越來越多。一九六〇年代之初，美國的肥胖者佔總人口的比例還不到四分之一。到了九〇年代初，肥胖人口就超過了三分之一。及至九〇年代末，已有半數成年人屬於肥胖身材。加拿大安大略心臟與中風基金會在一九九六年進行的一項研究發現，一般人都認爲美國的嬰兒潮世代是運動狂，但事實證明這是個迷思，他們的父母在他們這個年紀的時候，身材都比他們好。

偶爾騎騎單車，或是趁逛街時走十五分鐘路，並不能保持好身材。哈佛大學於一九九五年發表了一項研究結果：只有長期從事劇烈運動的人才能維持標準身材。這份研究還指出，劇烈運動可以延年益壽，打一圈標準桿數的高爾夫球，不算劇烈運動。同樣道理，花半個小時澆花除草雖然寥勝於無，但也不能減輕體重，唯一的好處只是活動筋骨而已。

如果你想終身擁有健美苗條的身材，就必須勤加鍛鍊。吃健康食品雖然很好，但必須適量。不論吃得多健康，運動還是保持健美身材的必要條件。不但要運動，而且要做劇烈運動才能顯出效果。保持身材，沒有捷徑。

不要效法大多數中年人的作法，只選擇最不費力的活動。有篇報紙專論指出，中年人都喜好比較「輕鬆的運動」。「輕鬆的運動」是個自相矛盾的說法，既然輕鬆，就不能說是運動。從事這類運動根本不可能健身，也達不到任何運動效果。要認眞面對健身和減重的問題，就表示必須選擇最花體力的活動，別以爲一、兩個星期運動一次就夠了，而是必須每天，或至少每兩天動一次，即使放假也不例外。一整天坐在游泳池畔等著別人送來飲料，可不會讓你變得健壯苗條。

身材過胖會使人無法享受許多生活樂趣。如果你的身材走了樣，別把過錯推給別人，不管你編出多少理由，都要怪你，誰教你放縱自己。如果你想獲得令自己滿意的身材，就給自己定個體重標準，然後持之以恆地維持。保持身材，會得到別人的尊敬，更重要的是能夠欣賞自己。減輕體重和保持身材，都不是一夜之間可以辦到的，而是必須投入時間精力從事耗費體力的運動，但是得到的效果絕對值得。你也會發現，當你的同輩從外表就能看出他們的年齡，或看起來比實際年齡還大的時候，你卻能健步如飛。

67 期望越高，失望越大

經常檢討、分析自己有哪些慾望，才是明智之舉，因為期望越高，失望越大。古代佛經提到，多欲為苦，慾望不能滿足，必然心生煩惱。人的慾望越多，越難得到快樂，而且越是希望獲得某樣東西，越是難以體會獲得的喜悅。

你是否注意過，當你終於得到了某樣期盼已久的東西，往往又會對那樣東西大失所望？「卡文與哈比斯」（Calvin and Hobbes）系列漫畫即曾描繪類似的情形。有一回，卡文郵購了一頂上頭裝了個螺旋槳的帽子，然後迫不及待地巴望帽子趕快寄到，還一面幻想自己戴上帽子，就能像直昇機似的飛起來的模樣，幾天之後才發現，那頂帽子根本沒辦法讓他飛起來，於是就把帽子毀了。

期望與現實之間總是存在著很大的差距，職場上有句話說：「你等著加薪，薪水可不等你。」希望要什麼就有什麼，只會給自己帶來難過和沮喪。現實多少都會對我們造成一些嚴格的限制，因此我們必須運用現有的時間與精力去面對種種可能的遭遇。

蒂慈（Margaret Titzel）問：「為什麼我們一看到無花果結出果實，就驚訝地說不出話來？」也許是因爲幻想樹上結出寶石或鑽石之類的貴重物品吧。當期望大得離譜時，現實就會敲醒我們，失望和沮喪也隨之而來。爲了自己得不著某樣東西而感到失落與難過，就是浪費自己擁有的許多好東西。

產生某些慾望固然無可厚非，但是一心想在短期之內得到滿足，肯定只能換來失望。如果你常妄想自己抽中樂透大獎，或在文壇享有暢銷書作家的地位，就會活得不愉快。

渴望成龍成鳳，就是無法接受自己的身分與處境。如果你想成爲作家，就要身體力行，但是若想和某些暢銷書作家一樣名利雙收，就不健康了，只有少數人才能爬到那樣的地位。雖然你還是可以盡情恣意地舞文弄墨，但千萬別想一步登天。英國作家羅利爵士（**Sir Walter Raleigh**）說：「我寫不出能與莎士比亞齊名的鉅著，卻寫得出具有個人風格的作品。」

任何慾望總無法滿足的時候，與其增加手邊擁有的東西，不如減少慾望。愛爾蘭諷刺作家史威福特說：「沒有慾望，永遠不會失望。」少即是多。禪宗認爲，減少物質的需求與身體的舒適，就能活得自在，這項哲理值得我們深思。能得是福，無慾也是福，還能減少煩惱。

68 守株待兔，不能解危

我們常認爲，上天總會賜給我們好運，戲劇化地改變我們的人生，使我們從此過著幸福快樂、無憂無慮的生活。由於社會上普遍具有這種想法，因此你應該時常提醒自己：世界上不會有哪個披著閃亮盔甲的騎士跑來救你，你這一生也很難碰上能夠讓你脫離困境的好運氣。

儘管種種證據顯示，人生沒有意外飛來的福運，但是大多數人卻無法接受這事實。大家都以爲，他們總會遇到救星，幫他們永遠解決所有問題，就像相信聖誕老人存在世上一樣。他們還認爲，只要有這位救星帶來好運，萬事就能一帆風順。童年時代的我們也會存有這種錯誤觀念，後來才發現，快樂極其短暫，問題依然存在。

要染上心存僥倖的毛病並不難，這是一種不健康的想法，會使人喪失鬥志。誰都曾經有過等待救星的僥倖心理，不幸的是，許多年過五、六十歲的人居然還有這種想法。期待救星降臨，是缺乏鬥志、內心自卑的成年人最愛幻想的事。

以下是幾個心存僥倖的例子：如果能中五百萬樂透大獎，我就會快樂似神仙；如果能和某個人談一場轟轟烈烈的戀愛，我就不會這麼無聊；如果能謀得一份高薪又有趣的差事，我就可以展開新生活。心存僥倖的人，只想找個不花力氣的方法追求幸福，可惜這種方法並不存在。等待好運上門，就是守株待兔，妄想不勞而獲。

守株待兔是一回事，抱著僥倖心態規劃人生又是另一回事，而且後果更爲嚴重。許多人都妄想先等好運駕臨，再重新開始生活，但是好運似乎永遠不會出現，就算眞的出現，也不會戲劇化地改變現況，生活還是如常。

這麼說並不表示自己創造機運也不能改善生活。雖然當好運上門時，你會得到一時的快樂與滿足，但是這樣並不能保證將來你不再發生嚴重的問題。渴望擁有無憂無慮的生活，是一種迷思。沒有人會把幸福裝在大托盤裡送給你，就算盤子裡裝的是樂透獎金、新的感情關係、價值數百萬元的股票也一樣。有些人雖然擁有許多成就，但是他們會告訴你，他們還是有自己的問題，而且只多不少。

不要守株待兔，只等好運上門，應該腳踏實地完成長遠的目標，否則只能得到短暫而有限的快樂與滿足。擺脫僥倖的觀念，才能獲得心靈的自由，追求可以讓人產生成就感的重要目標。

69 快樂幸福，靠自己追求

美國作家狄洛普（Robert DeRopp）說，人類棲息在一個海市蜃樓的世界裡，因爲看不清現實而生活在虛幻之中。守株待兔，只是人類的妄想之一，比這觀念更嚴重的心理問題，則是認爲世界虧欠自己。

要產生這種心態很容易，一個不留神，就會演變成慢性病。抱著這類心態的人，往往過著亦眞亦假的生活，幻想自己應該如何如何。前文提過，不願面對現實，一味沉迷於幻想，對自己有害無益，而且往往造成相當嚴重的後果，無怪乎社會上有那麼多人醉心於賭博、毒品和酒精。

認爲世界虧欠自己，就會妄想得到意外的收穫。大多數人偶爾都會產生這類渴望，筆者也不例外，但是後來發現，人生不可能有意外的收穫，何況快樂與滿足也不是憑空得來的，而是要靠鬥志與創意去追求目標與夢想才能得到。

缺乏上進心的人一輩子都想不勞而獲，他們老覺得世界虧欠他們，認爲自己不該承擔追求個人幸福的責任，而且不斷想走近路、抄捷徑。這些人貪圖享受，逃避冒險，以至於鬥志低落，不肯行動，許多人甚至還把接受長期救濟當作謀生機會，但願讀者不會落入同樣的陷阱。

若想擁有快樂、充實、成功的人生，就應當先問自己：「我做了什麼？」或「這是我應得的嗎？」有人這麼說：「什麼也不做，只等船開來的人，已經錯過了那班船。」我們不能處處指望別人提供關愛、友誼、金錢、協助、工作或其他重要的東西給我們，卻不提供價值相當的東西給別人。

故步自封地等待好事從天而降，就是在拖延重要的工作與活動。浪費時間等著財富、成就、快樂自動送上門來，也是認爲世界虧欠自己的一種表現，然而世界並不虧欠任何人，馬克吐溫說過：「不要到處嚷嚷世界虧欠你，這世界什麼也不欠你，它比你先存在。」

當你期望得到意外的收穫，或者想靠別人爲你提供舒適的生活，你就無法掌控自己的生活了。妄想依靠外人或外力來改善現況，只會消耗自己的精神。要主宰自己的生活，就不能把改善生活的權利交到別人手上。「主宰」的意思，是指主動創造能爲自己帶來安寧、快樂、滿足的各種機運。除了你自己，誰都不會好好照顧你。

70 不做金錢的主人，就成金錢的奴隸

迷戀金錢的人有兩種：富人與窮人。人只要想到錢，似乎就會失去平常的理智。心理學家發現，色關難逃，錢關更難過。想想人類遭遇的種種金錢問題，誰都不想捲入金錢遊戲。

不幸的是，無論我們是貧是富，都得參加金錢遊戲，而且許多人玩得並不高明。大家原以爲金錢可以買到自由，沒想到富人窮人全都輕易變成了金錢的囚犯。事實上，金錢遊戲並不難玩，只要善用兩大訣竅即可，在此先賣個關子，容後再敘。

如果你在理財方面出了問題，就必須學會支配金錢，否則只能被金錢奴役。有句義大利諺語說：「不做金錢的主人，就是金錢的奴隸。」不能妥善處理金錢，可能招來各種麻煩。金錢能將我們的生活改善到何種程度，與我們如何善用錢財的關係較大，與我們能賺多少錢的關係較小。

有些人在這場遊戲裡玩得走火入魔，把金錢當成過季商品似的揮霍無度。連日擲萬金的英國名歌手艾爾頓．強（Elton John）也警覺到自己花錢的習慣太瘋狂。把錢砸在

毫無用、華而不實的奢侈品上，曾讓某些百萬富翁傾家蕩產。所以不要仿效那些收入豐厚，卻老是遇到金錢問題的成功人士。

無論賺多少錢都覺得錢不夠用，就表示把錢浪費在自己不需要的東西上了。這時應當檢討自己爲什麼左支右絀，同時還要下點功夫學習怎麼理財。妥善處理金錢，就會發現節儉日常用度，並不會剝奪生活享受。試著減少開銷，你會驚訝地發現你所需要的花費竟是如此之少。

現在就向讀者披露兩個有效的理財祕訣，第一招是花的錢比賺的錢少。如果這招不管用，第二招肯定有效，那就是賺的錢比花的錢多。金錢遊戲規則僅此二者，只要運用其中一項，便能當個成功的理財專家了。

在銀行裡擺一筆存款，就不必擔心沒錢。記住：支出超過收入的百分之十和支出少於收入的百分之十，產生的結果是不一樣的，前者會造成財務危機和傾家蕩產，後者可以得到經濟報償與個人自由。處理小額支出也和支配大筆開銷一樣重要，富蘭克林提醒我們：「不要輕忽小額花費，小洞也能沉掉大船。」

犧牲個人操守，內心不得安寧

堅持個人操守，是與親人、朋友、配偶、同事維繫良好關係的基礎。若想建立圓滿的人際關係（公、私皆然），必得愛惜個人名節和品德，然而大家往往一禁不住誘惑，便做出犧牲個人操守的事情。你應當斷然拒絕這種誘惑，因爲以犧牲個人操守的方式來牟取名利、權力或愛情，內心將不得安寧。

愛因斯坦說：「不要一心想當成功者，寧可做個有美德的人。」誠信爲美，當你發現自己無法履行某個協議或承諾，一定要立刻知會對方。遮掩事實只會讓以後的問題愈演愈烈，眞相遲早也會水落石出。

要堅守崇高的道德標準，絕不因爲自己違背了這項標準而袒護自己。四處撒謊是會出問題的，總有一天你會發現即使你說了實話，也沒人相信，因爲說謊的次數太多了。德國哲學家尼采說得好：「我不是氣你對我不誠實，而是從今以後我不能再相信你了。」羅馬政治家西塞羅也說：「說謊者即使吐露眞言，也沒人相信。」

社會上雖然有許多以誠信致富的機會，有些人卻寧可爲了貪圖幾百元的骯髒錢在外招搖撞騙。如果你也禁不住這種誘惑，就停下來摸摸自己的良心，好好想想你要當什麼樣的人。告訴自己：你不能棄所有機會於不顧，用欺騙的手段賺錢。

要一絲不苟地做到誠實無欺雖然很難，但是絕對有好處。如果良心告訴你，參與某個騙人的勾當是不對的，就應該停止那行動，不要因爲朋友或親人施加壓力而涉入。不管別人怎麼想，都要行得正坐得穩，絕對不能破壞個人操守，哪怕你是唯一遵守遊戲規則的人。如果別人道德標準低落，也不必理會他們。

總而言之，誠實才是上策。無論遇到大事小事，都必須誠實到底。在與別人進行各種交易時，個人信譽就是你最大的資產。如果你信譽可靠，當你需要貸款時，就可以用人格做擔保品了。不要浪費時間學習「商場上的騙術」，寧可遵守誠信原則好好學習重要的交易技巧。最好抱著服務他人的宗旨謀求生計，不要剝削或犧牲他人的利益。

要愛惜自己的名譽，因爲名譽是使人成功快樂的必要條件。一旦爲非作歹，便很難回頭。只要犧牲一次操守，就會再三讓步，直到聲名掃地，最後不但喪失個人的信譽和別人的信任，還會失去自尊，這才是最大的損失。

72 無論大錢小錢，都買不到快樂

世界上絕大部分的人既渴望賺大錢，又渴望得到許多快樂，然而魚和熊掌無法兼得，追求財富似乎要比追求快樂來得容易。根據心理學家和精神醫師的觀察發現，天底下沒有快樂的精神病患，有錢的精神病患倒是一大堆。

大多數人都不懂得如何善用金錢，因此經常發生誤用或濫用的情況。他們對金錢存有許多假設，而且多半荒謬之至。很多人根本不知道人生的目的何在，卻期望過得幸福快樂，還斬釘截鐵地認爲，只要自己有錢，快樂就會源源不斷而來。

雖然別人不會質疑金錢在社會上和商場上所扮演的角色，但你還是應該挑戰「金錢等於快樂」這個迷思。富蘭克林認爲，企圖靠金錢買到快樂，是愚蠢的行爲，他表示：「金錢從未使人快樂，將來亦復如此，因爲金錢的本質並非製造快樂。越有錢的人慾望也越多，可是金錢非但不能塡補空虛，反而還會製造空虛。」

許多證據顯示，金錢不一定能帶來快樂。世界上有許多快樂的窮人，也有許多痛苦的富翁。一項調查指出，美國年薪超過七萬五千美元、卻不滿意個人薪資的人，超過年薪低於此數的人。伊利諾大學心理學教授戴納所做的一分研究也顯示，美國有三分之一的富翁過得不如平常人快樂。

如果經常留意周遭世界發生的事，可以發現更多相關證據，例如報上經常刊登有錢人觸犯法律的故事，許多薪水優渥的棒球、足球、曲棍球職業選手都有嚴重的嗑藥、酗酒、婚姻問題，醫生是最有錢的一群專業人士，然而他們的離婚率、自殺率、酗酒率卻是專業人士當中數一數二高的。

金錢雖是生存的要素，但是要花多少鈔票才能得到快樂，又另當別論。金錢代表了權力、地位和安全，然而金錢本身並不能爲人製造快樂。金錢或許能夠替人消除一些痛苦，卻不能讓人感受到眞正的、完全的幸福。還不相信是嗎？那爲什麼社會上有這麼多有錢人要去看精神大夫和心理醫生？爲什麼窮人做的善事反而比富人多？爲什麼酗酒、吸毒的有錢人所佔的人口比例高於一般人？

如果你一年賺不到一百萬台幣卻能過得開開心心，又能妥善處理生活問題，那麼一旦有了更多錢你還是歡天喜地。如果你的年薪超過一百萬台幣，卻過得很不愉快，又不懂得妥善處理生活問題，那麼即使得到一大筆錢，也照樣愁眉苦臉。換句話說，就算過得更舒適、更高級，你還是會和過去一樣不快樂，一樣不能有效處理問題。

73 過分追逐物欲，徒增自己煩惱

在人生這場遊戲裡，有些事很重要，有些則不然，你得知道如何分辨輕重緩急，才能免除種種苦悶感與失落感。努力追求你不需要的東西，無法享受更多的快樂與滿足。

社會上充斥著五花八門的炫麗商品和促銷廣告，你不需要或不想要的東西永遠也買不完。廣告商比任何人都深諳此理，所以不斷鼓勵你買了再買，哪怕你沒時間也沒心情享用身邊已有的東西。

了解自己究竟需要什麼，是個艱難的探索過程。我們往往會依照別人的期望來界定自己的需求，把社會標準看得比個人需求重要，但是我們打從心底知道，我們追求的東西多半不是自己眞正需要或想要的。

我們總是太過在意別人的期望。社會要我們追求物欲，廣告商、家人、朋友也是如此，報社記者、廣播人員、旅行業者、汽車廠商更是不在話下，他們巴不得我們拚命增加物欲，我們卻從來不曾靜下心來想清楚：自己究竟要什麼。

更麻煩的是，慾望隨時會改變。人的慾望來自某些內在的需要，又被某些神祕的力量賦予新的形式。當我們得到自己渴望的東西以後，往往又會喜新厭舊。英國劇作家王爾德和蕭伯納曾不約而同地提出下列觀點：「世上只有兩種悲劇，一是得不到自己想要的東西，一是得到自己想要的東西。」

深入內心了解自我，才能認清自己眞正需要什麼。也許你會發現，你是因爲別人說你應該擁有某些東西，或是因爲你自認應該擁有那些東西，才產生各種慾望的，但其實你並不需要它們。

知道自己想要什麼固然重要，認清自己不要什麼也很重要。雖然大家明知不該浪費生命去追逐自己不想要的對象、物品、假期或條件，可是許多人卻反其道而行，只想省點力氣，讓別人來告訴他們應該追求什麼。產生這種念頭是不智的，爲了迎合他人的期望而改變自己的需求和慾望，只會徒增個人的煩惱。

認清自己不要什麼雖然重要，但是這樣並不夠，還必須了解自己有哪些特定的需要。先把你認爲你想要的東西記下來，這麼做的目的是在釐清自己的需求，以便一一檢視。知道哪些東西是自己想要的，哪些是被迫接受的，才能眞正受益。自願放棄某些不能讓自己快樂的東西，也可以得到心靈的自由。

74 擁有合理慾望，才能心想事成

英國作家詹森說：「人生是個慾望永遠無法滿足的歷程。」慾望持續增加，卻又一味追求自己沒有的東西，必然產生痛苦。貪圖自己得不到的東西，就不會感謝自己擁有的一切。我們一旦得到了盼望已久的東西，就會厭倦那樣東西，立刻又把注意力轉移到其他物質上，所以永遠貪得無厭。

經濟學家說，人類的慾望是無窮的，如果眞是這樣，那就無人能夠得到快樂與滿足了。不過，世界上仍有某些人比別人更快樂、更滿足，可見要獲得快樂與滿足，還是有方法可循。

若要知足常樂，就不能把「需要」和「慾望」混爲一談，兩者的差異是很大的。人類的基本需要都差不多，不外乎擁有自尊心、成就感，得到別人的贊同、關愛與尊重，至於我們認爲自己非要不可的東西，其實都是我們希望擁有、卻可以輕易放棄的東西。

要滿足自己的慾望，最好是追求自己眞正需要的東西。慾望越少，越能活得無拘無束，輕鬆愉快。有位智者說：「成功就是得到你想要的東西；快樂就是接受你得到的東西。」佛家也有類似的說法：「少欲無爲，身心自在。」若想活得快樂，就不要追求自己沒有的東西。對自己擁有的一切心存感謝，才能知足常樂。

提醒自己：保持從容，知福惜福。有位智者說：「若想保持心情愉快，最好數數自己有多少福氣，不要只關心自己有多少鈔票。」你也可以算算自己擁有多少看起來微不足道的好福氣（這樣的幸福並不少），然後慢慢享受那些你早就擁有、卻從未珍惜的福分，再想想忙碌的生活害你放棄、損失、遺忘了哪些值得珍惜的事物，例如好看的圖書、好聽的音樂、眞摯的友誼、藝術興趣、特殊嗜好、生活熱情、個人理想等等。

珍惜身邊事物的意思，並不是說你不該追求其他東西，兩者可以並行不悖。說來有些弔詭，減少慾望，反而比較容易在最短的時間之內得到其他的東西；慾望越強，想要的東西越難到手。換句話說，常保從容喜樂之心，更能實現自己的目標和理想。

建議讀者不妨採用美國電視脫口秀主持人溫芙蕾提出的點子，寫本「感恩日記」，每天晚上心懷感激地記下當天發生的五件好事。如果願意花點時間感謝自己擁有健康、房子、朋友、經歷、學識、創造力……就可以知足常樂。感恩惜福的人，必能得到快樂。只要用心觀察，處處都有幸福。

75 富裕的生活，不一定快活

你可能認爲，你也有權利和別人一樣享有富裕的生活，但要記住一件事：慾望和需要是兩碼子事。渴望過富裕的生活雖是人之常情，但你眞的需要那種生活嗎？富裕的生活有利也有弊，而且壞處還不少！在期待「富裕生活」的同時，也要面對現實。衡量過一切後果，就要克制自己的慾望。

富裕的生活，不一定快活。有些人爲了追求這種生活，往往犧牲了原來擁有的一切，例如人際關係。生活過得越優裕，得到的滿足也越少。一些研究指出，儘管社會上出現了越來越多象徵富裕生活的奢華品，今天的美國人卻比五〇年代的人更不滿足。

聽過「富貴病」這名詞吧，這種疾病包括：癌症、心臟病、糖尿病和肥胖症。研究顯示，當人類脫離了但求溫飽的簡樸生活、邁入舒適富足的奢侈生活後，富貴病也相對增加，而美國罹患富貴病的人高居世界第一位。猜猜哪個地方得這種病的人最少？當然是中國大陸，那兒幾乎沒有富貴病，老百姓的生活也不富裕。

許多渴望過富裕生活的人都發現，他們很難找到休閒自由和休閒時間，只能依據行事曆來東挪西湊。由於一心嚮往財富，很多高收入的美國人都出現了高血壓、胃潰瘍、心臟病、酗酒、吸毒的問題，爲了解決問題，只好一窩蜂跑去看心理醫生，於是社會上出現了專爲律師、醫生，甚至爲心理醫師提供諮商的心理大夫。

這些強顏歡笑、戴著快樂面具的人一年三百六十五天都在尋歡作樂，過著表面上炫人耳目的「富裕生活」。他們紛紛利用舉行狂歡派對、擁有寬宅巨室、購置豪華房車、觀賞流行戲劇、參加運動盛會、遠赴國外度假、追求美貌性伴侶等方式來編織自己的生活。擁有富裕生活的人，更容易也更喜歡追求物質而非精神上的滿足。

富裕生活可能衍生的問題之一，是注重享受，然而享受並不等於快樂，兩者之間其實有很大的分野。許多好萊塢名人都在自己的回憶錄裡提到各種痛苦、絕望、酗酒、吸毒、離婚、長期接受心理治療的生活經歷，難怪史莉克（Grace Slick）會說：「不管你的床舖多麼寬大、多麼柔軟，多麼溫暖，你還是得起床。」

不要相信媒體上報導的那些「富裕生活」，浮華的生活不一定帶給人安寧、快樂與滿足。媒體並沒有告訴社會大眾，拚命追求奢侈糜爛的生活，常會導致緊張、焦慮、衝突、負債和破產等結果，擁有富裕生活的人即使遇到可以體驗快樂與滿足的機會，也常與之擦肩而過。

76 不知節制，弊多於利

佛家勸世人：「飢則食，渴則飲，睏則眠。」一般人卻是不飢而食，不渴而飲，不睏而眠，有些人甚至沒有性慾，也想做愛。無論你喜歡做愛、吃冰淇淋、看電視，還是睡大覺，不知節制，都是弊多於利。

美國報人何姆斯（Oliver Wendell Holmes）說：「新鮮空氣與天眞無知都有好處，只要有限度的接受它們。」任何東西都是過猶不及，水喝太多，也會傷身。若干年前，這種情況就發生在一名誤以爲喝水有益身體的加州男子身上，後來他終於發現，水對人體的好處是有限度的，最後還是死於腦積水。

不知節制，是人類普遍共有的行爲。舉個例子說，節儉固然是好事，但是過度節儉卻和過度揮霍一樣有害。如果你是個鐵公雞，那就記住：賺錢唯一的目的是花錢。假設你沒上過不提供自助托盤的餐廳，今天就找家高級餐廳招待自己吃頓大餐。節儉的行爲也會損害心理健康，使人老是處於貧窮心態，無法享受某些特殊待遇。

過度擁護某些運動（例如環保運動），也是有害無益。積極鼓吹環保固然可以造福人類，但是一旦走火入魔，就沒有好處了。無論支持何種運動（環保、宗教、政治、性別），走火入魔都很危險。狂熱分子不聽別人的觀點，忽視他人的權益，還會做出違法的舉動，許多公益活動便是因此遭到破壞的。美國出版家傅比思（Mclcolm Forbes）提醒我們：「成功之道在於：努力嘗試。失敗之道則是：嘗試太多。」

生活太過富裕，就會放縱自我。過度縱情逸樂，不會帶來快樂。快樂來自滿足，滿足又來自成就，而要獲得成就，則必須克服障礙，達成目標，追求使命。

過於沉溺於某些東西——包括維他命、工作、食物、派對、運動、球賽、飲食、娛樂、舒適等等——無法讓人產生成就感。馬克吐溫說：「我想給小姐們幾個忠告：第一，別抽太多菸；第二，別喝太多酒；第三，別嫁太多郎。」人不可能擁有太多好東西，婚姻也一樣。過度縱情享樂，往往造成不幸，事後想要亡羊補牢就很困難了。

練習凡事不求多，無論做什麼，最好避免走極端。德國詩人歌德說：「藝術大師展露的第一個特質，就是自制。」我們也要懂得自我節制，一旦走火入魔，將來就得花上很長一段時間才能恢復平衡。

77 貪得無厭，自食惡果

伊索寓言說過這麼一個故事：有隻嘴裡叼著一塊肉的小狗，在乘著浮木過河的時候，瞧見自己的倒影，貪心的牠以爲那是一隻嘴裡叼著另外一塊肉的小狗，便一心想把那塊肉也搶過來，哪裡知道才一張口，嘴裡的肉就掉進水裡沉入河底了，貪心不足的結果是一塊肉也沒得到。這故事的寓意是：貪得無厭，不會有好下場。

有首歌的歌詞說：「我們就要成功，卻還不滿足。」這正是大多數美國人的寫照，他們從來不知道什麼叫滿足，因爲他們什麼都想得到——要名要利，還想擁有華廈豪宅、海灘別墅、兩三輛車、迷人嬌妻、模範子女、稱職保母、知心好友，當然也少不了去國外度假這一項。什麼都想要，是一種病態、貪婪的心理。

作家桑達克（Maurice Sendak）說：「除了滿足慾望之外，人生還有更多值得追求的東西。」雖然現代人擁有的東西比上一代人多，但是大家的滿足感卻日益減低，而滿足感之所以降低，正是因爲什麼都想要，這種心態不會帶來幸福快樂。貪心的人永遠都在追求慾望，因爲慾望的山谷實在難以塡滿。

貪欲過多，非但得不到滿足，還會導致其他嚴重後果。慾望薰心的人遲早都要付出昂貴的代價，自食惡果的時間也會長得超乎想像。一味貪求的結果，是浪費了寶貴的時間和精力，卻還是得不到滿足，於是萌生誘拐行騙的衝動。例如套匯交易員波斯基（Ivan Boesky）即是利用華爾街內線交易非法賺到一億美元，他不但沒有在賺進一百萬或五百萬時收手，反而繼續貪婪地牟取更多不義之財，最後終於鋃鐺入獄，這就是貪贓枉法的下場。

一般人不必參與非法勾當，便能成爲貪婪高手。貪婪具有多種形式，例如有些人住的是沒有幾件家具、卻到處堆滿雜物的公寓，有些人雖然住在擺著豪華家具、造價令人咋舌的豪宅，卻吝嗇節儉地過日子。永無止境地渴望得到升遷、財產、金錢，或別人的注意，也是貪婪的表現。

體育傳播學者貝克（William Baker）說：「除非你知道什麼叫夠了，否則永遠不了解什麼叫滿足。」不能滿足，就是貪心。大多數人都不懂得該如何克制自己的慾望，貪求過多是內心不夠安寧，無法知足常樂的結果。世上沒有一樣東西可以滿足貪婪之心，因此解決之道不是擁有更多東西，而是減少慾望。

78 活得快樂滿足，也是一種富有

有時候，你會認爲自己很窮，享受不到許多好東西，但是信不信由你，你已經很富有。如果你買得起這本書，就表示你過得相當奢侈。即使你得向朋友或圖書館借閱，對於世上那許多連書都摸不著的人來說，也還是一種奢侈的享受。假設你的個人收入居於全國最低所得之列，你就會覺得自己很窮，然而只要有收入，還是可以擁有不少奢侈品。

貧窮感通常是拿自己和有錢人做比較之後產生的結果，在玩這種比較遊戲時，如果同時與富人、窮人做對照，你可能會很樂意住在獅子山國或阿富汗這些國家。那些地方的人民生活普遍窮困，缺乏醫療照顧，嚴重營養不良，經常遭受暴力，而且老是遇到燒殺擄掠之類的壞事，因此平均壽命還不到四十八歲。（獅子山國只有四十一歲，阿富汗則是四十二歲。）

美國諧星畢林斯說：「渴望致富的煩惱不像已經致富的煩腦那麼多。」我們多半都不了解自己其實很富有，因爲生活裡存在許多值得我們感謝的事物。全世界有一半人口從未用過電話，還有百分之七十五的人不曾享受過我們唾手可得的各項奢侈品，然而我們非但不知感恩，反而理所當然地認爲我們應該擁有這些東西。

眞正的富有是超越金錢層面的，擁有多少東西不重要，知道如何善用那些東西更重要。也許你會認爲自己不夠富裕，但是只要活得快樂滿足，也是一種富有。無論你是哪國人，每個星期至少應該找個機會想想自己的國家爲你提供了哪些其他國家無法提供的福祉。當你看到別人擁有某些你所沒有的東西，就覺得自己很窮，那麼不妨想想世界上還有幾十億人會很樂意取代你。

只要留意身邊擁有哪些便利的生活奢侈品，你就會覺得自己比較富有了。這些東西在大多數第三世界國家人民的眼裡全都是寶貝，例如空間寬敞的公寓、電器用品、雷射唱片、高級音響，以及各種書籍，我們卻因爲沒時間享用這些東西而不懂得珍惜感謝。擦亮自己的眼睛，就能在音樂、老友、嗜好、休閒活動之中重新發掘樂趣。

你應該知道，你已經相當富有。多注意自己擁有的好東西，別在意自己欠缺的奢侈品，就會懂得欣賞自己的財富了。假設你的個人所得還未達到貧窮水準，那麼追求更多奢侈品，並不會讓你覺得更富有。羅馬哲學家、戲劇家兼政治家錫尼卡說：「物質匱乏的人不是窮人，慾望太多的人才是。」

越省錢的活動，越能得到樂趣

我們都需要休閒和娛樂才能暫時擺脫緊張忙碌的生活。無論收入、財力多麼有限，人人都可以盡情享樂。只要發揮創意與活力，即可擁有充實的人生，世界上多的是省錢又有趣的活動，梭羅說：「人只要花費最少的金錢就能享受最豐富的生活。」

大多數美國人始終認爲，有錢能使鬼推磨，只有金錢才能買到快樂的經驗，於是紛紛跑去紐約麥迪遜大道這座銷金窟打發休閒時間，而到這種地方消費，恐怕得隨身攜帶一台印鈔機。這些人創造更多休閒時間的目的，就是爲了購買更昂貴的「行頭」，而不是好好享受自己喜愛的活動。

你是否注意過，有錢人往往不像小康或貧窮階級那麼快樂？建議你到加勒比海群島或印尼巴里島走一遭，先看看當地那些窮人笑得有多開心，再瞧瞧來這些地方度假的有錢人臉上的表情。有錢人多半笑得比較少，似乎不太能享受生活樂趣，而許多窮人卻洋溢著熱情與活力，過得也比大多數有錢人高興。

希臘被視爲歐洲比較貧窮的國家之一，當地人說過一句發人深省的話：「沒錢的時候一定要快樂。」許多歐洲人認爲，希臘人民比其他歐洲勞工性情懶散、沒有效率，但希臘卻是最受其他歐洲國家青睞的度假勝地，因爲他們知道希臘人民雖然所得水準較低、工作紀律較差，卻懂得享受生活。

要擁有充實愉快的人生，不一定非出國旅遊不可，從事休閒活動，也不必跟自己的荷包過不去。活在崇拜金錢的世界裡，簡單的娛樂很容易就會被人遺忘。高品質的休閒不是光靠擁有大把鈔票、寄宿五星飯店、參加國外旅遊、到精品店瞎拚就能得到的。

生活簡樸，也是一種享受。關鍵在於，要把快樂融入你所參與的活動中。看看孩子們在參加各種免費活動時，玩得多麼開懷盡興。只要每天發揮一下赤子之心，你也可以不費分文地找到許多樂子。提醒讀者：「童心」就是富於想像、充滿好奇、熱愛玩耍、即興作樂。

生活裡其實充滿了各式各樣免費又有趣的活動，例如欣賞落日、散步、冥想、閒聊、溯溪、到公園運動等等，這也都是有錢人士、權貴階級珍愛的活動。記住一個原則：越省錢的活動，越能得到樂趣。

過度樂觀，有害無益

許多擅長激勵聽眾的演講人士都會這麼說：保持樂觀是獲得成功與快樂的要件。樂觀的好處當然多於悲觀，合理的樂觀也能幫助你獲得傑出的成就。不過，光是樂觀還不夠，如果不加上適當的努力、知識、創意和務實態度，樂觀不但毫無用處，反而還會損害個人利益。

無論你多麼熱愛冒險，在從事多數冒險活動時，都要具備基本能力與知識，能夠「僞裝過關」的情形並不多見。「如果模仿有錢人，就會變成有錢人」，這是一句無稽之談，明明不是有錢人，卻裝闊氣耍派頭，只能算是差勁的演員，甚至可能走上破產之路。英國詩人柯頓（Charles Caleb Cotton）說得比較有理：「善於模仿雖然很好，但是若能進步到不再模仿的境界會更好。」樂觀加上努力、知識和務實，也就不需要僞裝模仿了。

理想與目標必須建立在現實而不是空想的基礎上，合乎現實的理想才有實現的可能，空中樓閣式的理想最多只能稱之為願望。即使有了實際的夢想，還是必須了解自己具備哪些能力、在現有環境之下能夠完成哪些項目。如果你把大部分的阻礙都看成挑戰機會，那麼當然可以保持樂觀。但是如果你一發現麻煩來了就趕緊逃跑，那麼保持樂觀可不能幫助你逃得遠遠的。

過度自信也和劃地自限一樣沒有好處，「了解自己的能力，是快樂的開始。」美國教育家桑塔亞納這麼說。無論你對人生或自己抱著多麼樂觀的看法，好高騖遠的夢想永遠不會實現。雖然許多演說家告訴我們，任何夢想都有實現的可能，但是如果不問青紅皂白便相信這句話，就很愚蠢了。當別人告訴你天底下沒有做不到的事情時，何不叫他試試邊踢足球邊跑步，或閉著嘴打呵欠。

當然，你還是應該追求理想。胸懷壯志地接受別人不敢嘗試的挑戰，也沒什麼壞處。不過，徒具樂觀的想法還不夠，因爲你可能會被不實的幻想沖昏頭，以爲自己可以一夕成名，所以絕對別讓自己熱過了頭，歌德說過：「有自知之明的人最接近完美。」

你不能無視於現實的存在，完全活在幻想之中。現實有其殘酷的一面，足以戳破許多白日夢。認清禍中有福、福中有禍的人，會比凡事只往好處看的人更能減輕痛苦。

再怎麼樂觀的人，遲早都要回到現實世界。既然活在世上，就應該善用自己的能力去獲得成就，並接受一位智者的建議：「學習了解自己，用努力工作的方式獲得成就感，勇敢接受眞正的自我，培養自己沒有的優點。」

81 與其抱怨命運不公平，不如努力打拚

命運是不公平的，這句話你可能已經聽過千百回，但你眞的了解個中含意嗎？前文提過，你必須面對現實。人生充滿了許多讓你意想不到的挫折與困頓，有時甚至讓你覺得全世界都在跟你作對，然而事實並非如此。世界上還有許多比你更重要的事物值得你去關心。

不要誤以爲現實與理想之間多少有些關聯，應該認清兩者不但毫無瓜葛，而且是截然不同的兩回事。我們總是不斷遭遇逆境，幸虧大部分的逆境都不足掛齒，只是在考驗我們克服困難的能力有多高。

如果你認爲凡事都應該得到公平的待遇，那麼只要遭受一點挫折，你就會方寸大亂了。所以當老闆提拔的人不是你，而是某個工作態度散漫、專長和資歷都不如你的同事，不必覺得大驚小怪，這情況也曾發生在比你優秀的人身上。好人不見得有好報，因此不要指望所有事情都能遵循適當、公平或正派的途徑來處理。

人類的煩惱多半來自本身詮釋、區別、判斷各種生活遭遇的態度，我們常憑直覺將

所有遭遇劃分成黑白兩類，最後幾乎把全部時間都浪費在判斷是非善惡上。所以不要老是依據是非、善惡、黑白的標準來衡量事情，也不要執著於公平、合理、正義的幻想。

爲了解釋某些不公平的現象，我們常將許多不合理的情況合理化，卻依然無法合理解釋爲什麼我們會厄運當頭，諸事不順。人生的際遇毫無邏輯或道理可言，也沒辦法和公平、是非或理想扯上任何關係。

有時候你會覺得無論遇到好事壞事，似乎都沒什麼好處，這時就要隨遇而安善於自處。哲學家指出發生在我們身上的每件事情都是有原因的，即使遭受苦難，也含有某種意義。接受這種理論，心情比較不會受到干擾，也比較能夠面對意外及未知，了悟命運自有其安排。

再說一次：命運是不公平的，而且永遠如此。接受這事實，就可以脫離苦惱，不再感到自憐。當你已經盡了全力，事情卻還是無法照著你的意思進行，就放鬆心情，別再執著，這畢竟不是世界末日。雖然命運對你不公平，世界上還有千千萬萬人也是如此。

我們總是覺得別人在陷害我們，命運在作弄我們，可是上天也賜給了我們一些長處與才能，幫助我們克服命運帶來的各種挫折。接受命運不公平的事實，才能平心靜氣地面對自己和環境。雖然將來你還是會遇到許許多多的變化球，但是你也擁有擊出安打及全壘打的機會。經歷命運試煉與考驗的次數越多，成功度過難關的機會也越大。

發揮創意，即可致富

發揮創意，即可致富。創意是你最寶貴的資源之一，而且蘊藏豐富，用途廣泛，又是一種再生資源，不必消耗大量成本就能開發。

這是好消息，壞消息是：只有你才能運用這筆資產，而且既不能出售，也不能拿給銀行作抵押，以便貸款買棟價值千萬元的豪宅。再說個好消息：一般人都認爲愛拚才會贏，然而大多數行業成功致富的關鍵因素卻是創意。如果你想早日完成自己的目標，就以腦力取代勞力。善用創意能夠節省體力，不必像別人那樣長時間爲生活奔波勞碌。

「可是，我沒有創造力啊。」你這麼說，沒這回事！創造力是天生的，人人皆有。研究人員發現，有創意和沒創意的人主要的差別就在前者認爲自己創意無窮。沒有創意的人思想已經太過僵化，只知墨守成規，所以才會誤以爲自己缺乏創造能力。

大多數人都很少運用自己的創造力，原因很多：有些人不知道自己有創造力；有些人知道自己具備這種能力，卻不知該如何運用；有些人雖然懂得運用，卻用得不夠頻繁；有些人則是不敢運用。只有少數人能夠善用這項資源。

無論從事哪個行業，富有想像力的人都是最吃香、最成功的。當別人只看見一堆克服不了的難題時，他們卻看到了機會。有創意的人會在遭遇困境時採取行動而不是怨天尤人。善用創意可以促成許多好結果，例如獲得升遷、得到快樂、建立良好關係、保持身心健康等。

在人生的旅途中，創意好比一張王牌，可以突破生活裡的種種障礙，包括社會規範、親人反對、財力不足、能力不夠、時間有限等等。只要發揮創造力和想像力，就能輕鬆愉快地迎接挑戰，掙脫無聊與困境。如果你能不顧重重阻礙，建立自己滿意的生活方式，就足以證明你的創造力不亞於愛因斯坦、畢卡索、梵谷和雷諾瓦了。

拍立得相機發明人藍德博士說：「創意可以終止愚昧。」所以你應該不斷提醒自己想像力有多重要。人的大腦可以創造出成千上萬個有趣的點子，有些可行，有些不可行。如果發揮創意，一天之內就能完成別人要花一、兩個月時間才能做完的事。只要想出一個偉大的點子，並妥善執行，那麼兩小時的創意思考說不定能值一百萬元。

了解創意是你最重要的資產（最少值一百萬元），可以增加你的自信。一旦開始運用創造力，就等於踏上了致富之路，不但能賺到錢，還能得到快樂與滿足。每個人都擁有三大寶貴資源——時間、金錢、創意——其中只有創意是取之不盡，用之不竭的。把創意變成最重要的資源，時間和金錢就顯得沒那麼珍貴了。

耐心是一種智慧，最好培養

耐心是看不見的，所以有人曾將「忍耐」定義為「把急躁隱藏起來的藝術」。如果你同意這說法，那麼最好讓自己精通這門學問。耐心可以決定一個人的成敗，假設忍耐不是你的特長，你就應該培養一些耐性，法國思想家盧梭的看法是：「忍耐雖然痛苦，結果卻很甜美。」

許多美國人無論做任何事情，都期望馬上見到成果。他們恨不得今天就能擁有時髦的汽車、有趣的工作、豐厚的收入、高級的住宅、昂貴的飾品、幸福的婚姻、乖巧的兒女，為了立即得到滿足，就拚命走捷徑、抄近路。當然，從長期來看，這麼做是行不通的。欲速則不達，操之過急反而讓他們得不到自己渴望的東西——平安和喜樂。

性急的人很少能夠達到自己的目標，就算達到了，也嫌太早或太晚。他們越是著急，完成的事情就越少。對他們來說，人生即是一場與時間拔河的競賽，所以他們不懂得應該偶爾放慢步調，順其自然。有時候，趕得太急或衝得太快，就會出錯，希臘寓言作家伊索說：「循序漸進才能抵達目的地。」

許多人之所以無法實現目標或夢想，正是因爲等不及。他們慣用的伎倆是，如果第一個方法試不成，就再試個新方法。有些人雖然試了好幾次，卻無法持之以恆。要完成大事，就得按部就班，一步一腳印。先把小事做好，自然可以完成大事。俗話說：「一次跨一碼，非常困難。一次走一寸，簡單之至。」

倉促做決定，只會出麻煩。有一句箴言說有：「匆匆忙忙最敗事。」要做重大決定，最好能不疾不徐。換句話說，就是要從容不迫，而且應當儘量延長做決定的時間，因爲現在多費點功夫，以後可節省更多時間，也能想出更有效的解決方案。

缺乏耐心，會導致各種問題，甚至使人喪命。美國每年有四萬五千多人死於車禍，許多人就是因爲有些司機缺乏耐心才命喪車輪下的。當你急著趕路時，請告訴自己：「急什麼？開慢點，保命要緊！」多花二、三十秒把車開過對街，也許能爲自己或別人延長二、三十年的壽命。

要強迫別人跟上你的速度是不可能的，許多事情必須聽其自然，如果想讓它們加速進行，就是給自己找麻煩。有位智者說：「有時要等待機會，有時要創造機會。」在某些情況下，速度太快比速度太慢更有害處。表面上看來急迫的事情，往往並不是那麼緊急。

成功的路上布滿了坑洞與彎道，所以不要期望你在途中能夠刷新時速紀錄。操之過急，不但要付出代價，還可能鑄成大錯。過度急切的人也許能在一時之間贏過你，但是如果你願意保持耐心，慢慢追趕，將來總會超越他們。羅馬教士聖奧古斯丁（St. Augustine）說：「耐心是智慧的朋友。」

84

放慢生活步調，別再匆忙度日

美國作家杜蘭（Will Durant）直言：「性急的人不夠文明。」這麼說來，西方社會裡的文明人就不多了。「急躁症」是西方社會常見的慢性病，大多數人總是急於達到某個目標，卻搞不清楚自己爲何如此著急，甚至不知道自己的目標何在。

大家似乎覺得，每天要忙得像陀螺轉個不停，才能把事情做完，於是個個拚死拚活。不幸的是，匆忙急促並不能提高生產力。忙碌的生活或許很刺激，但也可能損害健康，得了「急躁症」的人將罹患多種生理疾病，包括心臟病、高血壓、胃病、肌肉緊張等。

那麼，你在忙什麼？你最近一次和子女或朋友交心是在什麼時候？你曾經停下來想過自己爲何如此匆忙嗎？你會在不必趕著接電話時衝到電話機前嗎？讓它多響兩、三聲，甚至索性不接，也不會發生嚴重後果。如果你常問自己：「生活需要忙成這樣嗎？」這就表示你有必要改變一下生活形態了。

活著的目的不是爲了匆忙度日，雖然你會認爲倉促的生活步調不值得憂慮，但是萬一因此暴斃，可就需要擔心了。不減慢生活步調，就會英年早逝。既然如此，爲什麼不減低自己的速度，讓其他工作狂和妄想狂去面對嚴重的健康問題和心理疾病？

要增加休閒時間，其實相當容易。表面上看來，爲了獲得更多閒暇，白天就得加倍忙碌，但是如果眞這麼做，你又會發現休閒時間更少了。荷蘭有句諺語說：「越著急的人越落後。」擺脫忙碌生活，增加休閒時間，只有一個祕訣：不要急，慢慢來。

只要放慢生活的腳步，空閒就會奇蹟似地增加，所以你應該把慢慢享受生活樂趣當作人生的目標。如果你認爲你沒時間欣賞夕陽，就再想想你是否眞的挪不出空檔。當你無暇欣賞落日的時候，才是你最需要休閒的時候。只要停下腳步多看幾回晚霞夕照，日子也就不那麼匆忙了。學習減少其他活動，才能提升生活品質。

保持從容的生活步調，可以促進健康，延長壽命。有時候，身心也需要放鬆，不能長期處於緊張忙碌的狀態。每天休息一、兩個鐘頭，不做任何事情，是有益身心的。舒緩生活步調，才能增進活力、提高效率、加強生產力，對自己的生活也會更有信心。

寧做聰明的烏龜，別當愚蠢的兔子。兔子爲了追逐名利，拚命橫衝直闖，急著想抵達幸福的終點。烏龜不願效法兔子，牠很清楚名利不會帶給自己幸福。聰明的烏龜不急著趕路，因爲牠已經到達幸福的終點，正沉浸在幸福安詳裡。

85 野心太多，成就有限

你可能想去很多地方，想做很多事情，但是無論工作或娛樂，都要經歷一番努力才能實現夢想。任何活動一旦開始進行，就是跨出了完成的一大步，然而如果不等其他事情做完，便急著展開許多新活動，大部分的工作就無法有效地完成了。野心太多，成就有限。一次就想把所有事情搞定，最後的結果是一事無成。

希爾頓飯店曾於一九九八年做過一項隨機調查，發現一千名受訪者之中有百分之七十八的人經常為了節省時間一次兼做兩樣工作，作家麥肯斯（Alec Mackenzie）在《時間陷阱》（The Time Trap）這本書裡也曾將「貪求過多」列為十大時間浪費元素之一。一口氣想做太多事情（煮飯、洗衣、看電視、講電話、印文件）的結果是：什麼事都做不好。

我們每天都有很多事要做，但是一次最好只面對一件，這是千古不變的道理。葡萄牙人說：「心裡想做一堆事，手上只能做一件。」義大利人說：「一次想做很多事的人，最後只做得完幾樣。」德國人說：「野心太多，成就有限。」西班牙人則說：「想追一群野兔的獵狗，一隻兔子也逮不著。」

不斷投入新工作，樣樣工作都無法如期完成。一次想做好幾件事，也會出現虎頭蛇尾的情況，即使那些事情都完成了，成果也不會令人滿意。俗話說：「做得不好的工作得做兩次。」當你接下一份無聊工作時，更是要格外努力，第一次就把事情做對。如果敷衍了事，它們將會在你最忙碌、最尷尬、最煩惱的時候出紕漏。

積沙成塔，小小的努力可以累積很大的成就。一次做太多事情，會讓人無法消受、壓力過重、心思雜亂。重要工作老是只完成一半，也會對精神造成很大的負擔。慢工出細活，心無雜念才能做好一件事。就算一次只做一樣工作，也應該適時喘息一下。在緊張疲勞的狀態下完成工作，將無法如期交差。

每天認真負責地做好一、兩樣工作，就會產生滿足感，虛應故事地完成好幾樣工作，則無法獲得成就感。一次專注於一件事，就算一天只做完這一件工作，也沒有浪費時間，至少任務已經圓滿達成。信不信由你，若想多完成一些事情，最快的方法就是一次只做一件。處理任何重要工作，都應該聚精會神，心無旁騖。同時進行的事情越少，可以完成的事情越多。

86

把工作當遊戲，化單調爲樂趣

有時候你會納悶：爲什麼有些沉悶無聊的工作會落到你身上？然而現實生活就是如此，你必須強迫自己去做許多你不感興趣的事情。從事這類活動雖然痛苦，你卻可以設法擺脫這些煩惱。如果保持健康心態，做再單調的工作也會覺得很有意義。

無論我們多麼熱愛自己的職業，每天還是會碰到一些令人討厭的工作，可是我們不但必須盡忠職守，把重要差事做得盡善盡美，小事也一樣馬虎不得。這時若能保持健康心態，即可化單調爲樂趣。只要用比較樂觀的態度面對別人認爲無聊、沉悶、單調的工作，便能找到其中的樂趣。

凡事都有取捨，你也可以選擇是否要承擔某件工作。我在攻讀碩士學位時，曾經覺得有些商業課程很無聊，但又非修不可，爲此感到十分沮喪。後來終於頓悟，我也可以不要這學位，索性立刻休學去做其他事情，包括加入法國外籍兵團，反正沒人用槍抵著我腦袋。這麼一想，就覺得釋懷了。

既然選擇了無聊的工作，也可以儘量從中發掘樂趣。如果能把工作當遊戲，即使沉悶的工作也會變得很有趣。工作本身的挑戰性越高，越能讓人得到樂趣和成就。把工作當遊戲，做起事來比較不覺得費力和無聊，也會做得更快更好。

保持健康心態，可以把許多平凡的瑣事變成趕走挫折與悲傷的工具。紐約心理醫生伍絲克（Vivien Wolsk）認爲，處理日常瑣事，也是一種心理治療方法。她建議病患不要服用藥物，改以洗衣服、燙衣服這類家務事來紓解壓力，洗窗戶也能放鬆心情，甚至還能進行冥想。

要集中精神完成自己不喜歡的工作，可能很難辦到，但還是值得嘗試。用心完成幾件小事，要比草率完成某些大事更能獲得成就感。在乏味的工作之中發掘趣味的祕訣，就是一開始動手便全心投入，這樣就會覺得那件工作看起來沒那麼糟了。一次只做一件事，比較能夠從中得到樂趣，這道理也適用於在家洗車或吸塵。一位醫師說：「要完全拋開煩惱，就忙著做不重要的瑣事。」

無論做什麼事，都要心神專一。手頭做的是這件事，腦中卻想著別的事，心裡會產生矛盾與衝突。心思飛到別處，就不能活在當下。在完成一件工作時，應該設法擺脫你對這件工作的負面想法，這樣也許就會慢慢喜歡這份差事了。

有人說：「快樂是忙得無暇感受痛苦的結果。」專注，就能得到快樂，在職場上如此，在職場外也是如此。專注，就是對任何工作都全心投入，無論那件工作是多麼索然無味。專注，就是一次只做一件事，並且樂在其中。只要發揮一點創意，即可爲每樣工作帶來樂趣和刺激。

知足惜福，即是快樂

每個人都認爲，擁有快樂是人生最大的福氣，於是大家都把追求快樂當作人生目標，而且不斷爲此疲於奔命，把追求快樂與追求成功牽扯在一塊兒。大多數人都希望自己總有一天能夠永遠過著幸福快樂的生活，就像童話故事裡的人物那樣。他們以爲只要得到快樂，一輩子都有好日子過。

根據筆者觀察，許多人在成功以後，沒有一個是過得幸福快樂的，無論他們的成就有多高。成功者與失敗者都有不快樂的時候，許多渴望透過個人成就追求快樂的人，都嘗過失望挫折的滋味。大家汲汲營營地追求成功，卻忘了成功不一定帶來快樂。

一位智者說：「有些人追求快樂，有些人創造幸福。」如果你不快樂，如何創造幸福？首先就是不要急著尋找快樂，那樣並不能得到幸福。

越想透過成功或其他途徑尋求快樂，越難擁有快樂，這情況就和探索人生的奧祕是一樣的。你不能靠金錢買到快樂，也不能靠奮力追逐得到快樂。當你不再浪費那麼多時間去搜尋快樂，快樂就會出現在你眼前。珍惜每一天的時光，才能永遠幸福愉快。不要爲了追求快樂，浪費了寶貴的光陰。

如果追求快樂是你的人生目標，你將永遠抓不住它。快樂是完成目標的結果，不是目標的本身。美國社會學家霍華（Eric Hoffer）指出：「追求快樂是痛苦的主要來源。」作家傅蘭寇（Victor Frankel）也提出了類似的看法：「努力追求快樂，反而得不到快樂。」作家華頓（Edith Wharton）則說：「唯有停止追求快樂，才能活得如魚得水。」

根據許多哲學家的看法，保持忙碌是擁有快樂的祕訣。費德（William Feather）說：「最快樂的人就是忙得沒時間注意自己是否快樂的人。」馬克吐溫也說：「人類只有在忙碌的時候才覺得快樂。」英國詩人考柏（William Cowper）則宣稱：「忙著實現個人目標，才能得到眞正的快樂。」

快樂就在當下，一個人如果精神抖擻地完成手邊的工作，就能得到快樂。東方哲學常提到一句話：「隨遇而安。」這麼說來，快樂是可遇而不可求的。追求快樂是個旅程，不是終點。

若想得到快樂，有沒有最佳藥方？聰明人會說：苦苦追求快樂，快樂反而遠離。明天的幸福，是建立在今天的快樂上。只要專心實現人生目標、保持生活熱情、滿足家人需要、經常陪伴朋友、認眞完成工作、幫助貧困之人，快樂就會出現。隨遇而安，知足惜福，就不必忙著尋找快樂了。

88 人生多麼可貴，不該板著臉孔面對

有些人雖然在哲學家和老學究的眼裡看來很膚淺，卻活得比那些哲學家和老學究快樂許多。哲學家與老學究常用刻板嚴肅的態度面對人生，以至於觀念固陋，思想僵化，「思想膚淺」的人卻是以輕鬆、玩樂、愉快的態度看待人生，對大多數事情都不太在乎。最重要的是，他們眞正懂得享受人生。

世界上有很多東西都可以增添生活情趣，若把每件事情都看得太嚴肅，生活就會索然無味。所以無論遇到何種情況（即使在最緊張、最失意的時候），都要從中發掘樂趣。有些心理醫生和學校老師並不認爲玩樂和幽默也是成功的要素，因爲嘻笑玩鬧會給人一種率性、隨便的印象，顯得漫無目標、沒有出息，然而事實並非如此，英國詩人柴斯特頓說：「插科打諢雖不正經，卻有益於心理健康。」

如果你認爲世界上唯一値得信任的人是你自己，而你又缺乏自信，那就乾脆放輕鬆點，犯不著浪費時間分析自己的心情與感受，否則你能盡情享受生活的時間就要大打折扣，所以應當善用自己的幽默感。英國詩人巴特勒建議：「人人都該嚴肅思考一件事：

別把什麼事都看得太嚴肅。」

凡事能以輕鬆幽默的態度去面對，對自己是有利的。在任何環境之下都能製造樂趣的人，也比較能夠應付重大問題、提出創意構想、處理緊張事故。你也可以嘗試用比較輕鬆的態度面對嚴肅的問題，並記住王爾德的一句話：「人生多麼可貴，不該板著臉孔面對。」

有時候，你會在最不應該大笑的場合（例如舉行子夜彌撒時）很想大笑一場，因爲你需要紓解壓力，大笑幾聲才能鬆懈情緒。大多數人都是把娛樂變成工作，但你應當反其道而行，化工作爲娛樂。一項研究指出，懂得在工作中找樂子的人，壓力較小，壽命較長，成功機會也較多。

即使面對最嚴肅的問題（例如終生職志），也不必看得太嚴肅。不要因爲你想成功立業，就認爲你沒時間玩樂。幽默感是消除緊張和沮喪的最佳療方，不盡情玩耍嬉戲就太可惜了。

幽默感也是激發創造力的好方法，嚴肅刻板的思想則會阻礙創造力。專家們發現，世界上有許多絕妙高明的解決方法都是靠幽默的靈感激發出來的。創意的形成，需要三樣社會並不鼓勵的條件：玩心、幻想和傻勁。正經八百、不苟言笑的人，很少想得出新鮮的妙點子。

不要因爲擔心自己出洋相便拒絕展現詼諧風趣的一面。想爲生活尋找新的樂趣就用幽默的態度面對所有事情。有些嚴肅拘謹的人也許會覺得你的行爲舉止很可笑，但你何必在乎？對於那些懂得享受生活趣味的性情中人來說，你的一舉一動卻是充滿活力和自信的表現。

89

一切順其自然，更能隨遇而安

騎過馬的人都知道，順從馬走的方向前進，騎起來會比較輕鬆。同樣道理，一切順其自然，生活也會變得悠然自得。換句話說，就是不要企圖控制每件事情的結果，最好能聽天由命，船到橋頭自然直。以下就用一個比喻來說明「順其自然」的重要性：

假設你乘著一艘皮筏在一條急流裡泛舟，忽然皮筏翻覆，你掉進河裡，這時你可以做兩件事：第一，奮力掙扎，這麼做很可能撞到岩石，使自己受傷。第二，放棄掙扎，這樣就會順流而下，河水也不會沖擊岩石，而是繞過它們。

大多數人總是渴望控制生活裡大大小小的事情，一旦發現情況失控，便惶惶不可終日，損害自己的身心。許多活力充沛的人都說，他們保持活力的一大因素，就是放棄凡事都想一把抓的控制慾望，這說法當然與一般人的觀念有所牴觸。

一般人常以為，要改善自己的生活，就必須不斷付出勞力和腦力，然而越是辛勤打拚，越是緊張掙扎，長期奮戰的結果，日子卻越過越苦。他們沒有認清一件事：最能改變生活及擴大視野的方法，就是停止打拚。在許多情況之下，只要停止苦撐，便不再需要掙扎，最後反而能夠輕鬆自在地改善生活。

人生好比一條急流，我們必須學習適應快速變遷的環境，因為這是現代社會的常態。在一個瞬息萬變的世界裡，每當我們自以為了解某個情況，那情況往往早已經改變。若想順利渡過人生這條急流，又不想受到太多皮肉之傷，就必須學會如何順流而下。主宰命運最好的方法，即是順其自然，不要擔心結果，因為有太多我們無法控制的因素會破壞我們的計畫，心理學大師榮格說：「在一片渾沌之中，存在著一個宇宙。在一片混亂之中，隱藏著一種秩序。」

也許你已經注意到，安於現狀的人遠比不滿現況的人更能順其自然，隨遇而安。有自信的人很少出現急迫感，他們擁抱現在，不擔心未來。順其自然的意思，就是從容不迫。如果你每天從事的活動看起來似乎都很緊急，那是因為你讓它們變緊急的。一切順其自然，那些活動也就不再那麼十萬火急了。

人生總有一些事情是你無法控制的（包括未來的遭遇），所以不必理會這一部分。如果你掉進一個深坑，最糟的反應就是死命挖掘，因為你不想待在裡頭。人生永遠都會遇到某些令人抗拒的事物，然而越是抗拒，情況越糟。同樣道理，如果你抗拒未來，未來也會阻礙你。開開心心迎接未來，才能征服未來。

假設你一想到明天便覺得鬱卒，那就專心面對今天。只要投入自己喜愛的活動，心中陰霾便會一掃而空，如果你對未來依然不怎麼樂觀，不妨記住美國作家羅傑斯（Will Rogers）的一句話：「凡事總會否極泰來，不管我們是否努力改善現況。」與其老是努力想給未來製造快樂，不如快快樂樂迎向未來。

90 別管他人怎麼看待，自己的想法更重要

缺乏自信，會使人灰心喪志，干擾個人計畫。我們總是花費太多時間想去窺探別人對我們的想法，甚至根據他人的想法來安排自己的生活，以至於虛耗了許多光陰。太過在意別人的看法，即是缺乏自信的象徵。

別人對你的想法不如你對自己的想法重要，所以別管他們怎麼看你，只要在意你自己的看法。自我評價和他人評價必然不同，無論別人怎麼想，都能欣賞自己、接受自己的人，就會產生自信。

只要看看你願意花多少力氣去討好別人，就可以判斷你喜愛自己的程度有多高。如果你想得到別人的尊重，就必須先尊重自己。老是擔憂別人不喜歡你或生你的氣，表示你很自卑。如果你無法忍受別人反駁你的構想、觀念和意見，就是自找氣受，自討苦吃。

欣賞自己的人不需要討好別人。試圖引人注意，不但消耗精力，也得不到太多好處，何況別人多半不會注意你，因爲他們也在忙著吸引別人。越是了解自己、接受自

己，越不需要引人注目。

不要認爲自己能力有限，也不要否定自己的想法，更不要接受別人對你的批評。當別人無憑無據地抨擊你時，只要無動於衷，就能增強自信。

忠於自己最重要。你就是你，不需要一見到陌生人就變了個樣。虛與委蛇地討好別人，不會得到成就感。人云亦云只會增添自己的困擾，因爲有人會說你應該這麼做，有人又會說你應該那麼做，但是不管怎麼做，他們還是會抱怨你。

試著以眞誠的態度和喜歡你、欣賞你的人交往，並以眞面目示人，而不是僞裝成別人心目中的形象。不要爲了贏得別人的認可，就虛情假意地對他們唯唯諾諾，言聽計從，否則將失去坦露眞誠、增強自尊的機會。

有時候，你可能會遇到態度惡劣、性情乖戾的人有事沒事就和你唱反調，把你的生活攪得很不愉快，這個人可能是你的親戚，也可能是朋友或同事。面對這種人，必須保持風度，控制脾氣，態度堅定，不露敵意，同時不必在意對方的想法。就算你得罪了他們，也沒關係，因爲你並沒有眞正冒犯他們，是他們自取其辱。

獲得快樂與成功的要件之一，就是做你自己。有人問達文西，他這一生最偉大的成就是什麼，他回答：「做達文西。」所以你也應該愛你自己，不用在乎別人的想法。只要增強自信，便能跨越一切阻礙，努力獲得成就，達成目標，贏得勝利。

91 好好活下去！人生只此一回

要擁有幸福圓滿的人生，最大關鍵就是能夠有效排遣失落的情緒。每個人的一生多少都有不如意的時候，即使最快樂的人也會覺得無奈、失望、困惑和迷惘，誰都不可能永保心情愉快。有時候，你也會因爲發生意外的不幸而感到灰心沮喪，雖然問題或許沒那麼嚴重，但是心中的陰霾總是揮之不去。若想得到解脫，就應該了解偶爾出現消沉甚至絕望的情緒，不會造成大礙。

當沮喪來臨時，不一定要抗拒，應該記住一個心理學原則：有些事情越是抗拒，越難擺脫。接受負面情緒，它們會消失得更快。今天的痛苦也許一、兩天後就會煙消雲散，屆時你又可以重拾生活熱情了。當你回想起自己度過的難關，將更能體會活著的喜悅。

許多事情總會否極泰來，無論我們是否嘗試改變它們。法國哲學家沙特說：「絕望的反面是重生。」晚上看起來很糟的事情，隔天早上就覺得好多了。《聖經》裡的〈詩篇〉說：「晚間雖令人哭泣，清晨卻使人歡喜。」俄國諺語也說：「白天的智慧勝過夜晚。」

心情再怎麼低落，遲早都會轉憂爲喜。世界不是靜止的，有些問題雖然可能惡化一段時間，但不會永遠壞下去。人生的際遇就像四季的變化，北方的夏天雖然不長，但也不會出現永遠的冬天，換句話說，好事遲早會出現。生存於十九世紀末的印地安人「響尾蛇」說過一句很有哲理的話：「天上沒有厚得讓陽光穿不透的雲。」

上天讓我們受苦，必然有其用意。今天的苦難，是明天的啓示。遭遇挫折與災難，都是有意義、有好處的。掙脫了痛苦的煎熬，便能產生堅強的靈魂與人格。海倫凱勒說：「舒適安逸無法鍛鍊人格，唯有經歷考驗與磨練，靈魂才會堅強，視野才會清明，志氣才會昂揚，成功才會降臨。」

有時候，失落的情緒可能持續一、兩天，這時就要用比較樂觀的態度面對問題，認清人在心情低落的時候，會把人生看得特別灰暗困厄。有位塗鴉人士這麼寫道：「好好活下去！人生只此一回。」無論你多麼鄙視自己，世界上總會有人看重你，所以要記住：情況遲早會轉好。只要保持愉快的心情，就會覺得情況看起來好多了。

無論環境有多糟，都不要放棄希望。滾石合唱團唱過一句歌詞：「失去夢想，就失去理智。」所以你一定要喜歡自己，相信人生過得很值得。再怎麼孤單或難過，都可以面對現實，改變現狀。

92 保持獨特風格，才能改造世界

有些事情會發生理論抵不過現實的結果，保持獨特風格即是一例。世俗的理論告訴我們，人類是群居的動物，必須合群才能得到成功與快樂，於是社會及某些團體往往要求大多數人養成服從、合群的習慣，認爲鶴立雞群是顛覆行爲，因此特立獨行的人總會遭到群眾的批評與嘲笑。

社會一方面鼓吹服從、合群的優點，一方面卻忽略了一件事：保持獨特風格，才能改造環境。歷史上有許多改造世界的偉人都是一群富有創造力的人，他們勇於冒險、特立獨行、衝擊現狀、挑戰權威，也得到了追隨群眾的人無法享受到的成就、快樂與滿足。

人類天生只有一項共同特徵：每個人都與眾不同。可是大家在接受了學校、社會、團體的負面薰陶之後，紛紛窮畢生之力拚命順應別人、效法別人，就算因此失去個人特色，變得平庸無奇，也在所不惜，一往直前。

服從大眾，就會犧牲自我。羅斯福總統夫人愛蓮諾說：「永遠記住：你不但有保持獨特的權利，也有保持獨特的義務。」讓別人替自己做選擇、做決定，絕對不會獲得滿足。反過來說，保持獨特風格，遠離沒有個人特色的無聊群眾，卻能得到極大的滿足。

嘗試模仿別人，最多只能成爲抄襲者，說不定還會畫虎不成反類犬，所以你應該了解眞正的自我，無論走到哪兒都能維持眞我，這樣必然與眾不同。如果有人因此把你當怪胎，就由他們去。研究人員發現，怪胎比一般大眾活得快樂，因爲他們可以我行我素。

行事作風與群眾背道而馳的怪胎，最後常能證明自己始終沒有走錯方向。你能舉出幾個曾經改造世界的人物嗎？也許你會選擇德蕾莎修女、南非總統曼德拉、美國太空旅遊企業家布蘭森（Richard Branson）或微軟總裁比爾・蓋茲，這些人都是主流社會眼中的異類，他們都認爲自己沒有必要隨俗從眾。

有一天你也可能會發現，你的觀點、目標和想法也跟主流社會脫了節，於是禁不住誘惑想再回歸主流，但你打從心裡明白，這麼做不但沒好處，也不會有什麼成就。只要忠於自己的想法，就會拒絕服從群體，甚至卯足全力遠離群眾，更加強化個人風格。

筆者認爲努力保持個人風格，才能無拘無束地創造驚險、刺激、豐富的生活形態。一位智者說：「不要順著小路的方向走，要到無路可走的地方另闢蹊徑。」儘管大多數人都不了解這個道理，世界還是需要多增加幾個拒絕追隨群眾的人。敢於特立獨行的人會把世界變得更美好。

93 機會俯拾皆是，請好好把握

你的身邊存在著許多可以改造世界的機會，如果你想做件驚天動地、令人矚目的大事，就必須善用這些機會。有些機會很可能會在最稀奇古怪的地點、最出人意料的時機忽然乍現，最重要的是，機會一旦來臨，就要立刻把握。

許多人都說，活在現代社會，根本沒有成功的機會，這說法純屬無稽之談，只有不願力爭上游、寧可得過且過的人，才會拿它當藉口。坐著談論自己沒機會，當然比用心尋找、把握機會要輕鬆多了。當許多人都在抱怨自己缺少機會的同時，有些人卻正在充分利用他們找到的機會。事實上，現代人的機會比從前多得多，而且這些機會幾乎就像水、土壤、空氣一樣俯拾即是。

機會多得是，只是大家不願承認罷了。大多數人都無視於機會的存在，就算他們看見機會，也不知好好利用。發明家愛迪生說：「大多數人之所以錯失機會，是因爲機會總是披上勞動的外衣。」換句話說，如果你希望機會之門爲你而開，就得自個兒去開門。機會一旦來臨，責任也接踵而至。若想利用任何機會，就必須付出時間和心力。

成功者都懂得抓住機會，善用機會。也許你會問：成功是否帶有運氣的成分？當然有，許多人就是因爲碰對了時機和地點才得以成功的。不過，單憑運氣是不夠的，還必須看得出來什麼樣的時機和地點最恰當，然後善加利用。換句話說，就是要把握機會，否則機會來了也沒用。

詩人愛默生說：「上帝總是把好運藏在你身邊。」所以不要誤以爲你得跑到天涯海角才能改造世界，最好的機會也許就近在眼前，但你必須仔細發掘。

大多數機會都是稍縱即逝，所以機會來了，就要即時掌握。許多人往往因爲猶豫太久而錯失良機，若想等到條件成熟，機會就不再來了，何況成熟的條件永遠不可能出現。有些機會不只出現一次，有些機會則是僅此一回，如果長期等待某些機會，它們就不再是你的，因爲已被別人捷足先登。

機會有大有小，不要因爲某個機會看起來不起眼，就忽視它的存在。善用小機會，可能換來大機會，例如先上小電台替自己打廣告，將來說不定就有機會上電視接受名主持人的專訪了。

只要用心觀察，眼前就有上百個有趣的機會等著你，未來還會不斷出現新機會。海倫凱勒說：「當一扇機會之門關上了，還有另一扇門會打開。我們往往只注視那扇關上的門，卻沒看見另一扇門已經爲我們而開。」忘記已經消失的機會，抓住眼前的機會。

要獲得重大成就，得付出昂貴代價

觀念是人類的一項重要資產，但有時也會戲弄人類，其中之一就是讓你相信你能利用走捷徑的方式得到某些重要的東西，然而成功(包括職業、經濟、感情、健康各方面)的代價是很大的，如果有人願意提供你一條最快最好的成功捷徑，那肯定是個大騙局。要獲得重大的成就，就得付出昂貴的代價。

美國女高音席爾絲（Beverly Sills）說：「沒有一條捷徑會通往值得你去的地方。」如果你已經脫離做白日夢的年紀，就應該知道所有成就都是得來不易的。想獲得重大的成就，沒有神奇的公式。如果你想尋找簡易的公式幫你達到目的，那麼無論你的目標是減輕體重、消除寂寞、累積財富、增加休閒，你都會大失所望。

許多人與成功無緣，正是因爲他們不想付出代價，有些人甚至可能已經想好要付哪些代價。勤儉致富的船業鉅子湯姆森（Lord Thomson）說：「大家雖然知道該怎麼達到成功，卻多半不願勤奮耕耘。」有些成就需要付出的代價相當可觀，包括犧牲時間、體力、金錢等等。

成功的基礎是專注、持續的努力，一位前輩提醒我們：「失敗不是懶惰者唯一的懲罰，看到別人的成就也是一種懲罰。」當你坐在家中觀賞電視，體重逐漸增加的時候，許多人卻正在努力追求他們認爲重要的東西。他們知道，成功者都遭遇過逆境和阻礙。如果你想得到愛情、工作或名利，也必須經歷一番挫折與磨練。

問自己兩個問題：第一，你認爲什麼最重要？友誼很重要，要付出代價；婚姻很重要，也要付出代價；做自己喜愛的工作很重要，還是要付出代價。一切都是如此，包括愛情、自由、經濟獨立、自我實現等等。如果你不打算付出代價，就別指望擁有它們。

第二個問題是：你打算用什麼代價得到它們？換句話說，就是要搞清楚你得花多少勞力和金錢。如果你想多賺些錢，可能就得放棄某些社交活動，或勉爲其難地參加你不喜歡的社交活動。在追求某個重大成就時，你甚至可能發生情緒失控和身體違和的情況，所以你必須判斷你付出的代價是否值得。

不想付出任何代價，便得不到長期的快樂，所以不要誤以爲你可以逃避或拖延這件事。越早開始付出，越早享受快樂與滿足。

95 天才是創意加恆心的結果

據說愛迪生在發明第一個電燈泡以前，曾經做過好幾百個實驗，他的助手問：「爲什麼你要一直幹這種傻事？你已經試過五百次，也失敗五百次了。」愛迪生馬上答道：「噢，我一次也沒失敗過，因爲我已經知道五百個做不成電燈泡的方法了。」經過鍥而不捨的努力，他終於發明了一顆能夠發光的燈泡。

這故事的寓意是：如果仔細研究一下世界著名天才的個性，會發現大多數天才都具備不屈不撓、堅持到底的特質。愛迪生固然成就斐然，但失敗次數也是多得不可思議。英國劇作家蕭伯納說：「成功的背後隱藏著層出不窮的錯誤。」許多天才在達到目標以前，都要經歷多年的嘗試，還要接二連三地忍受多次失敗，才獲得重大的突破。

天才就是比你有恆心毅力的人，他們的才能和智力不見得比你高。法國女權運動先驅西蒙波娃說：「天才不是天生的，是後天養成的。」如果別人老早放棄了某樣重要工作，而你依然鍥而不捨地做下去，將來的成就說不定也可以媲美天才。盡情發揮自己的才能，可以成就豐功偉業。成功的祕訣就是：你比其他聰明絕頂、能力高超的人更懂得善用自己的活力、熱情和創意。

「構想」和「產品」的差別在於：後者是經過持續不斷的努力得來的。舉個例子說，俄國文豪托爾斯泰的巨著《戰爭與和平》雖是一部舉世推崇的文學傑作，但是托爾斯泰必須兼具寫作能力和過人的毅力，才能寫成這部長篇小說。要完成傑出的繪畫、小說及發明，除了恆心毅力之外，還必須具備自律精神。天才就是創意加上恆心的結果，馬克吐溫說過一句富含哲理的話：「世界上有許多天才都是在被自己或別人埋沒的情況下走過一生的。」

百分之九十五的失敗肇因於太早放棄努力，而許多人卻還在只差臨門一腳的時候決定放棄。突破來自長期的努力，任何事情都不可能一步登天。如果你很重視你做的工作，就要一試再試，哪怕你認爲自己撐不下去了，也可以再挺一段時間，這就是意志力的問題。總而言之，你必須設法跨越各種意外出現的障礙，即使你不認爲將來會有太大的進展，也要奮鬥不懈。

你就是各種生活奇蹟的來源。不屈不撓，再接再厲，奇蹟便會出現，千萬別在奇蹟即將發生以前率然放棄。願意比競爭對手多撐一天、一個月，甚或一年的人，才能爲人生創造奇蹟，你也可以如法炮製。只要多加一把勁，即可改變現狀。當你鍥而不捨地完成了富有創意的工作，你也會變成別人眼中的天才。

96 過度追求完美，事事皆難精通

說來有些弔詭，過度追求完美的人，反而事事難以精通。凡事都想達到無人能及的完美標準，是很浪費精神的。追求完美和追求平凡一樣有害無益，兩者都會讓人產生不滿與痛苦。甘乃迪（Donald Kennedy）說：「站在街角等待『完美』公車開來的人將永遠等不到那輛車。」

對完美主義者來說，表現出色還不夠好，因爲他們不了解什麼叫「出色」。英國牧師傅樂（Thomas Fuller）說：「表現好不算好，有人期望你更好。」完美主義者永遠都想拿金牌，拿銀牌不夠好，拿銅牌就慘了。他們自大好勝，想利用追求完美的方式獲得財富、愛情、權力與他人的認可。

心理學家認爲，追求完美不是健康心態。完美主義者都有性格變態或扭曲的跡象，經常覺得緊張、挫折、失望、憤怒、悲傷和洩氣。他們害怕犯錯，因爲不想出醜。完美主義者表面上看來充滿自信，卻常因爲自認表現不夠好而感到沮喪難過。標準過高的人會罹患重度憂鬱症。

美國作家卡眞（Norman Cousins）說：「人類天生就不完美。」完美不存在於現實之中，只存在於人類的想像之中，因此追求完美是不智之舉。凡事都想做到完美無缺，既不可能實現，也顯得毫無理智。表現再好的人，也不可能永遠當贏家。完美主義者一心追求完美，結果卻可能一事無成。

有時候，你也可能出現完美傾向，這時就要抗拒追求完美的衝動，不要覺得自己什麼都做不好，或達不到別人的成就。有成就的人不見得每次都拿第一名。

人要追求成長，而不是追求完美，只要盡力做好重要工作就夠了。作家愛倫瑞琪（Barbara Ehrenreich）曾對「凡是値得做的事情都應該好好去做」這句諺語提出質疑：「事實上，有些事情只需要草草了事，有些事情根本不値得去做。」這句話的重點是：不必把每件事都做得無懈可擊。

處理重要的工作，當然要追求卓越，卓越介於平凡與完美之間。你必須決定哪些工作應當全力以赴，而追求卓越的意思，就是在條件和資源許可之下，盡力完成重要工作，有時甚至必須多花些力氣才能做到最好，你也會因爲任務圓滿達成而感到自豪。誰都渴望能從日常生活當中獲得一些成就感，但也不必爲了追求成就而變得走火入魔。

家庭生活理不好，事業成功也枉然

外星人看到地球人怎麼過日子，大概會覺得人類的腦筋嚴重打結。西方世界總是把勤奮工作當作成功致富的法則，然而相信勤勞即是美德的西方人卻忽略了一項事實：許多孜孜不倦埋頭苦幹的人最後都把身體拖垮了。

適量工作雖有好處，但是加倍工作卻無法帶來雙倍好處，因爲一旦工作到某個程度，便會出現報酬遞減律。換句話說，工作時間越長，工作成果越差，工作效率也越低。當報酬遞減之後，便進入報酬受損的階段，這時若再延長工作時間，生活樂趣就會銳減。家庭生活過不好，事業成功也枉然。整天工作，沒有娛樂，日子會很難過，即使短期如此也不例外，所以不要妄想你在追求榮華富貴的同時還能擁有平衡的生活。如果你很少跟配偶見面或聊天、懷疑兒女可能吸毒、覺得生活緊張痛苦，就要立刻設法改變生活形態。

生活平衡的人都懂得妥善安排優先順序，你也可以爲自己的生活排列優先順序，把配偶、子女、健康、個人成長、事業、社區、信仰、教育統統列入考慮項目。只有你才能決定適當的優先次序，以及是否依這次序過日子。如果你把家庭擺在第一位，就應當先將時間留給家人，再將時間獻給事業。

婚姻與家庭都需要悉心維護，許多婚姻之所以維持不下去，就是因爲夫妻之中有一人醉心工作，沒把時間留給配偶和子女。與其花錢買些平凡的禮物送給家人，不如多花時間陪伴配偶和子女，他們需要的關愛勝於物質，如果他們在家裡得不到應有的關愛，就會到別處尋找。

不要自我欺騙地以爲你沒有多餘時間陪伴子女或從事新的休閒活動。假設你每天睡七小時，那就表示你還有十七個小時可以運用，要從這一千零二十分鐘裡面挪出三十、六十，甚至九十分鐘來休息，當然不成問題。只有希望過著機械式生活的人，才適合當工作狂，然而工作越賣力，也越不像個人。建議你在辦公桌旁貼上一句標語：「我不是工作狂，我熱愛生活！」

無論桌上堆了多少文件，都要出去找找樂子。少關心自己的事業，多關心家人和朋友。不要因爲不加倍努力會留下一堆事情做不完，就認爲每星期工作七十小時是名正言順的。不管你一星期工作四十個小時還是一百個鐘頭，事情永遠都會做不完。既然有些事情做到死也做不完，何不花些時間認眞回答這問題：富裕的生活重要，還是幸福的生活重要?無論選擇哪個答案，都要好好過日子!那是你的生活。

98 你只能擁有現在，何不活在當下？

如果你不想醉生夢死，就應該活在當下，把握此刻。大多數人都不是活在「現在」，而是活在「從前」或「當年」，生命中有許多珍貴的片刻就在經常緬懷過去和寄望未來之中流逝了。雖然大家普遍缺乏活在當下的觀念，但是仍有少數人身體力行。一位智者說：「未來屬於專心活在眼前這一刹那的人。」

你只能擁有現在，爲何不活在當下？所以別任現在溜走，而要即時把握，充分體驗眼前的一分一秒。活在當下，就是認清你無法永遠活在過去或未來，此時此刻才是你眞正擁有的。一位智者說：「盡情享受現在，將來你會懷念這些好時光的。」

活在當下，就是忘記時空的存在，全神貫注於手邊的工作。活在當下，就是只在乎眼前的事物，其他都不重要。活在當下，就是體驗自由、忘我、專一的感受。活在當下，就會遠離平日的憂慮，進入一種歡喜滿足的境界。

許多人總是低估了活在當下的重要性，心理學家馬斯洛指出，能夠活在當下，是保持心理健康的要素之一。養成活在當下的習慣，就不會擔憂未來。活在過去或將來，都是浪費生命，何況你不可能活在過去，活在未來也很可笑。全心活在當下，才能體驗永恆。有句格言點出了活在當下的重要性：「昨天是歷史，明天是未知，今天是恩賜。」

有個方法可以幫助你享受現在，融入此刻，那就是讓時鐘或手錶的鬧鈴每天在不同時間響幾聲，以便提醒自己：全心投入手邊的工作；一次只做一件事，並樂在其中；細細品嘗食物的滋味；好好欣賞美麗的夕陽；專心陪伴家人朋友；停下腳步用心感受美妙的時光。

你應該像禪師悟道那樣體會活在當下的重要。如果耽擱了活在當下的機會，機會便一去不復返。現在就開始活在當下，不要讚美昨天，也不要歌頌明天，只要擁抱今天。一位智者說：「盡情吃喝玩樂，因爲我們終將死去。」

即興作樂好處多，任意放棄太可惜

許多富有創造力的成年人常會利用即興作樂的方式來爲生活增添情趣，著名幽默心理學家馬斯洛認爲，即興作樂是一種天分，卻往往隨年齡增長而消失，他強調：「每個孩子幾乎都不必經過事前計畫或思考，就能隨興創作一首歌、一篇詩、一支舞、一幅畫、一個劇本或一場遊戲。」絕大部分的成年人則都失去了這種能力。

馬克吐溫大概也是有感於此才這麼說：「我常要花上三個多星期的時間才能擬好一篇即席演講稿。」即興作樂可以說是創意生活的同義詞。創意豐富的人不會壓抑自己，而能表達眞實的感受。他們會像孩子似的玩耍嬉鬧，還會隨興做些不在計畫以內的事情，要即席演講也不成問題，而且說起話來像小孩，而不像大人。

在某些國家，只要有人即興聚會，就可以持續一個下午，活動的展開與結束都很隨意，不必依照時鐘進行。和別人閒聊，也沒有時間限制，一刻鐘或一小時都行，驟然開始也驟然結束。可惜美國人無法享受這種即興式的活動。

你是個即興作樂的人嗎？你總是遵守每天的計畫嗎？你常不顧自己的計畫忽然跑去

做點不一樣的事嗎?美國社會學家史波琳（Viola Spolin）說：「即興作樂是無拘無束地面對現實、了解現實、探索現實，並且據此採取行動的時刻，也是探索、體驗、表現創意的時刻。」當我心血來潮跑去找件事情做的時候，常會得到意想不到的樂趣和收穫豐盛的經驗，這可不是遵守個人計畫所能得到的。

美國著名歌星賽門（Paul Simon）曾經唱道：「即興作樂多美妙，怎能讓機會溜掉。」如果你很少出現即興作樂的衝動，就應該多從事一些即興活動。這麼說並不是要你計畫在每個星期四的下午三點做件即興的事情，而是要你從今天開始任意想像將來你可以從事哪些隨興的活動。如果明天或後天你突然很想做件趣事，可千萬別找任何理由不去做，要接受耐吉球鞋廣告的建議：放手做！（Just do it!）

即興作樂好處多，任意放棄太可惜。建議你從現在開始放自己一天假，別再念念不忘昨天晚上的工作。好好睡個大覺，直到再也睡不著爲止。起床之後，做件從沒做過的事消磨整個下午，別再事先安排任何活動，利用這難得的假日隨意走走，放鬆心情好好享受，直到心滿意足爲止。

例行公事太多，缺少即興活動，生活注定平淡乏味。麥可拉夫林（Mignon McLaughlin）建議：「白天嚴守計畫，夜晚隨興打發，就能活得暢快。」即興作樂，能給生活帶來更多享樂機會。這樣的機會越多，生活越是多采多姿。

100

先滿足精神生活，再追求物質享受

千百年來，偉大的思想家及各派宗教領袖爲「快樂」提出的解釋，基本上大同小異。儘管他們每天大聲疾呼，說得鏗鏘有聲，大多數人還是不了解或記不住快樂的意義。快樂指的是精神上而不是物質上，眞正的快樂是從內心得到滿足。擁有全世界的財產，不會帶給任何人內在的喜悅，有些身無長物的人卻能發自內心感受快樂。

當人類的基本需求獲得滿足後，精神上的滿足就成爲充實人生的一大要素，然而生活在一個崇尚物質的社會裡，人們卻經常疏忽、漠視、否定這種需要。很多人都想從外界尋求某種東西來塡補心靈的空虛，但空虛的心靈只能靠開拓豐富的內在世界來彌補，然而我們的社會卻要我們重視物質，忽視每個人都擁有的無形內在資源。

心靈生活貧乏的人都是物質和環境的奴隸，霍希福修說：「一個無法在心靈上獲得滿足的人，到別的地方也得不到滿足。」大多數人都不願意從事內省，觀照自我，有些人只好藉著吸毒或酗酒來讓生活步調加快，有些人則是打開電視或音響，以便在獨處之時永遠聽得到一些聲音，這樣也就不必反躬自省了。無論你擁有多少外在成就，如果不把內在生活處理好，就會覺得空虛、不踏實。傅麗曼博士（Martha Friedman）說：「不是靠內心的滿足得來的成就，注定是空洞的。」如果你享盡榮華富貴卻感到內心空虛，那就應該好好自省。先滿足精神生活，再追求物質享受。

不花時間拓展精神生活的人，只能從外界取得短暫、零星的快樂。精神上的滿足必須透過更高層次的自覺意識才能達到，這比從事運動、娛樂、工作要辛苦得多。能夠坦然面對內心世界最隱密的角落，與別人相處起來才會更自在，也不會過度依賴別人。努力追求精神生活，可以產生從外在世界得不到的自信和力量。脫離了精神生活，就會覺得沮喪與失落。大多數宗教都告訴我們，觀照自我，才能得到喜樂與滿足。探索內心世界，能使心靈澄淨，生活也會因爲心境單純而變得透脫自在。

你應該運用內心的力量展開一場心靈的探險，無論工作和娛樂，都要做到身心靈合一。聽音樂、養花草、冥想、散步都是可以在大自然中進行的精神活動。哈佛大學及耶魯大學的醫學研究發現，懂得追求精神生活的人比較健康長壽，你也應該與自己的心靈進行溝通，使自己延年益壽。

探索心靈的過程或許很神祕，但也是一種神奇美妙的經驗。自我反省可以產生精神上的自主，精神自主又可以帶來莫大的心靈自由。深入了解自我，你會變得更有創造力和原動力，也會因爲活得既豐富又有品質而感到幸福快樂。

101 活得好，甚於活得久

加拿大代表性英文日報 *Globe and Mail* 曾經報導了溫哥華居民伊斯里（Richard Israels）的故事，此人於五十一歲那年死於結腸癌，但他從來都不曾感嘆自己的不幸。由於生前活得多采多姿，他覺得人生了無遺憾，臨終之前只說了一句話：「無論如何，我這輩子沒有白活。」

有些人雖然四十五歲便離開人世，他們的一生卻過得遠比許多活到九十甚至一百歲的人豐富精彩。充實、快樂、滿足的人生不是取決於我們活得多久，而是決定於我們活得多好。今天做了什麼比較重要，別去考慮二、三十年後要做什麼。歐慈（Susan Ertz）說：「許多渴望長生不死的人都不知道該如何打發下著大雨的星期天午後。」

要擁有快樂的人生，祕訣就在忘掉自己的年齡——當你上了年紀以後，這點更重要。很多人年紀輕輕就已經老態畢露，死氣沉沉，我很欣賞一位智者的話：「我想要成長，卻討厭衰老。」不要浪費太多時間和精力擔心自己變老，如果你老在準備迎接晚年，晚年將會提前來報到。

無論年輕或年老，都可以常保赤子之心。只要不失童眞，晚年照樣可以活得很愉快。擁有豐富多樣的人際關係和個人興趣，也能長期過得充實而滿足。一生至少要爬一座高山，體驗各種新的人生經歷，把享受人生當作生活第一要務。聰明人都知道，享受單純的事物——自然、健康、音樂、友誼等等——能帶給人最大的滿足。

美國作家梭羅警告世人：「噢，上帝，我們至死方知自己從未好好活過。」與其浪費時間後悔自己沒有好好過日子，不如現在就開始善用時間追求你想要的生活。大多數年過六十五歲的老年人總是對自己的一生感到十分遺憾，恨不得當初能以不同方式安排生活優先次序，也很懊悔自己曾經爲那麼多小事擔憂，花那麼多時間做他們不想做的事。

許多邁入耳順之年的老人家在被問到如果他們能再多活一次，他們會給自己哪些忠告的時候，他們提出了下面六項有用的建議：不要等到你能負擔家計才結婚；好好思考你這一生到底要做什麼；多從事一些冒險；放鬆心情，別把生活看得太嚴肅；多發揮一些耐心；盡可能活在當下。

前蘇聯總理克魯雪夫也提供了一個寶貴的建議：「人生苦短，要自求多福。」從今天起，嘗試每天都過得像人生最後一天，那麼等到大限來臨之時，你也可以說你這輩子沒有白活了。或許，你只剩一年可活，但是你將活得很精彩。

額外話題1

人比人，氣死人

大多數人都認爲，自己的生活不夠好，別人的生活才理想。法國有句諺語說：「人家的東西才合你的意思。」我們之所以不快樂是因爲沒來由地相信：別人都過得比我們幸福，有權、有錢、有名的人不會遭遇任何問題或困難，但事實並非如此，名歌星芭芭拉·史翠珊說過：「噢，上帝，別羨慕我，我有我的痛苦。」

我們也很容易認爲別人的生活遠比我們舒適悠閒，並且羨慕他們過得快樂又滿足，但是這麼想並沒有好處，有人說：「羨慕好比酸性物質，會腐蝕裝它的容器。」羨慕別人不但得不到快樂，也表示你不了解自己的能力，不滿意自己的生活。過度羨慕別人的財富，就會對自己的經濟狀況產生不滿。

人比人，氣死人。要享受人生，最好別拿自己和人家比。跟別人比身分、比地位，只會帶來失望與挫折，甚至因爲羨慕別人而嫌棄自己。我的一位朋友說：「我一看到自己沒有什麼，就認爲自己很不幸；別人一看到我有什麼，就覺得我很幸福。」不要在乎別人比你富有，老是羨慕或覬覦別人的財富，就是浪費生命。人生實在短促，不值得爲了擁有那些財富浪費自己的時間和精力。

別再哀嘆自己的生活比不上別人，人生總有許多不如意，工作、金錢、個人都可能出問題，不要因此忽略了身邊的好東西。與其注意世界的陰暗面，不如多看其中的光明面。如果你老是批評和抱怨，就花四倍時間讚美與感恩。研究顯示，我們平日的遭遇有百分之八十都是好事，百分之二十才是壞事，所以花四倍時間讚美與感恩也是應該的。

感謝自己擁有的一切，可以常保喜樂之心。美國社交界名人邱吉爾（Jennie Jerome Churchill）說：「人生雖然無法盡如人意，但是只要好好生活，就能得到快樂。」一位智者也說：「若想保持心情愉快，最好數數自己有多少福氣，不要關心有多少鈔票。」

如果用心觀察便能發現身邊有許多值得我們感謝與讚美的事物。世界眞是奇妙，只要你這麼想。所以你應該放鬆心情感恩惜福，順乎自然樂天知命。你越安於現狀越不會拿自己和別人比。對自己擁有的東西多一分尊重與感謝，幸福與滿足便自然湧現。

我們的身邊總會出現一些生活過得較爲優渥的朋友、親戚、鄰居或名人，他們不是住比較寬敞的房子、開比較拉風的汽車、穿比較名貴的衣服，就是擁有身材姣好的伴侶。海倫凱勒曾經提出一個重要觀點：「不要常拿自己和有錢人相比，應該多和財富與我們相當的人做比較，這樣就會覺得自己也不差。」羨慕別人是羞恥與怨恨的來源，對心理造成極大的負擔。羨慕全天下的有錢人也是病態的想法，因爲許多有錢人並不快樂。如果你要羨慕別人，就羨慕那些快樂的窮人，安貧樂道是一種修練。

額外話題2

與其羨慕別人，不如發憤圖強

羨慕別人只有一個好處：激發雄心壯志。假設你覺得鄰家的草地比較綠，你可能會想一探究竟，到了圍牆邊一看，才發現兩家的草地一樣綠，甚至還會覺得別家的草地一點兒不綠。如果人家的草地確實比較綠，就替自家的草地澆澆水吧。

替自家草地澆水是一個隱喻，意思就是要你發憤圖強，設法改善自己的生活，這就牽涉到責任與承諾的問題了。很多人都會提到「承諾」這兩個字，卻不知其眞正含意，光是隨口說說，並不代表承諾。大多數人總是說一套，做一套，當他們得知自己必須付出時間、精力和代價，才能達到特定目標時，就會立刻打退堂鼓。

下面這個小問題可以測驗出你是否信守承諾：你能言行一致，說到做到嗎？這問題也可以套用在一些不起眼的小事上，例如答應打電話給別人，就一定打。如果連小事都做不到，大事就更難辦到了。言而無信的人，不會有太多成就感。

美國總統老羅斯福宣稱：「我這一生沒有什麼了不起的成就，只有一個例外：我認爲該做什麼，一定去做……一旦下了決心，必定劍及履及。」眞正肯下功夫實現夢想的人，比較可能心想事成，因爲他們願意投入時間和心力。所以別再說你沒時間追求夢想，你每天擁有的時間也和海倫凱勒、德蕾莎修女、柴契爾夫人、曼德拉總統、華盛頓總統、羅斯福總統、愛因斯坦這些偉人一樣多，但是他們不會一天花七個小時看電視，也不會參加不花腦筋的休閒活動。

不爲自己的生活負責，必然一事無成。願意承擔責任，幾乎任何事情都能做到。首先，寫下你未來一年和五年之內想要達成的目標，這是許下承諾的第一步，表示你眞心想改善生活。每天晚上都要反省白天做過的事，看看自己是否更接近目標或理想。

莎士比亞說：「行動會說話。」你的一舉一動在在都能證明你是否信守承諾。言出必行的人會擺脫自己的惰性，努力追求理想和目標，他們寧可自己生火取暖，也不指望鄰居提供暖氣。你可以坐在家裡幻想自己爬上一座腦中虛構的高山，也可以採取行動跑去攀登一座確實存在的大山，你認爲哪個選擇可以帶給你更多成就感？

額外話題3

名利如浮雲，過眼即成空

名利如浮雲，過眼即成空。你可能很想累積鉅額財富，把巴菲特、比爾蓋茲這一類的企業大亨比下去，也可能很想捧個普立茲獎、諾貝爾獎、奧斯卡獎、東尼獎、朱諾獎或艾美獎回家。如果好好努力，也許你眞的可以名利雙收。渴望名揚四海固然無可厚非，但也應該思考一下將來要付出哪些代價？何況名利只能帶來一時的興奮，刺激的感覺不會永遠持續下去。

我們很容易認爲名利雙收的人一定過得幸福美滿，但是名利只能當作一種額外的收穫，不一定能創造多采多姿的生活。迷戀名利，是西方世界常見的缺點。如果你也接受這種價值觀，最好換個角度看事情。

名利常會衍生一些不良的後果，畢卡索對名利的看法是：「當你還是名不見經傳的年輕小伙子時，你的朋友只有兩、三個。等你有了錢也出了名以後，你的朋友還是只有兩、三個……如果幸運的話。」有個人說過：「名人就是一輩子努力成名，然後戴上墨鏡避免被大家認出來的人。」

廢寢忘食追逐名利，會錯過許多美好的事物，一旦名利都到手了，又會後悔得到了它們，許多富豪與名流正是如此。有句俗語說：「死亡讓人人平等。」無論你擁有多少名利，將來會有幾個人來參加你的喪禮，還是得看天氣而定，喪禮筵席的菜色好不好，大概也可以決定來賓的多寡。

如果你今天多出二十四小時，請問你有幾個小時是快樂的？一位智者說：「要學習享受生活裡的小事物——它們俯拾即是。」把名利看得比什麼都重要，必然享受不到許多有趣的生活經驗。

假設你下個月就要蒙主恩召，於是你向上帝祈禱：「請讓我再多活一年吧，我願意放棄我所有的一切。」上帝也答應讓你再多活一年，一償宿願。那麼你就應該把你在死前這一年想做的事情列成一張清單，隨身攜帶並常常提醒自己，務必在這一年內悉數做到。

別把英國經濟學家凱因斯說的話當作你的最後遺言：「但願我能多喝一點香檳。」要把盡情享受人生當作自己的目標，否則就會後悔莫及。生活無所不在，善用你的聽覺、視覺、味覺、嗅覺和觸覺去充實你的人生。只要擁有平安、健康與關愛，你以什麼維生、擁有多少名利，都不是那麼重要。想想看，萬一你沒有這些東西，能以什麼取代？依靠名利得來的幸福是虛幻的。

國家圖書館出版品預行編目資料

生命中不該忘記的事／Ernie J. Zelinski 著；
譚家瑜譯．-- 初版． -- 臺北市：遠流,
2003〔民92〕
面； 公分．--（實戰智慧叢書；285）
譯自：101 Really importent things you
already know, but keep forgetting
ISBN 957-32-4788-7（平裝）

1. 修身 2. 生活指導

192.1 91019755